六韬·鬼谷子

（战国）鬼谷子 著
李霞光 译注

北京联合出版公司
Beijing United Publishing Co.,Ltd.

目录

鬼谷子

前　言

六韬

《六韬》是中国古代的一部著名兵书，又称《太公六韬》或《太公兵法》。全书以太公与文王、武王对话的方式编成。此书在《汉书·艺文志·诸子略》“兵家”类中不见著录，但在“道家”类列“《太公》二百三十七篇”，其中《谋》八十一篇，《言》七十一篇，《兵》八十五篇；“儒家”类著录有《周史六弢》。颜师古说：“即今之《六韬》也，盖言取天下及军旅之事。弢字与韬同也。”《隋书·经籍志》明确记载：“《太公六韬》五卷，周文王师姜望撰。”但从南宋开始，《六韬》一直被怀疑为伪书，清代更是如此。然而，1972 年 4 月，在山东临沂银雀山西汉古墓中，发现了大批竹简，其中就有《六韬》的竹简五十多枚，这就证明《六韬》至少在西汉时已广泛流传了，对它的怀疑与否定遂不攻自破。

《六韬》是一部集先秦军事思想之大成的著作。通过周文王、武王与吕望对话的形式，论述治国、治军和指导战争的理论、原则。全书共分六卷，每卷内容各不相同。文韬论述治国用人的韬略，武韬论述用兵的韬略，龙韬论述军事组织，虎韬论述战争环境以及武器与布阵，豹韬论述战术，犬韬论述军队的指挥训练。在共六十篇中详细阐述战争观、战争谋略、作战指导和军事人才选拔等多方面的军事理论，内容极为丰富。其主要观点包括：一、强调争取人心；二、主张政治攻心，瓦解敌人；三、强调文武并重，谋略为先。军事思想方面，主张“伐乱禁暴”“上战无与战”，强调“知彼知己”，要求战争指导者要机动灵活地运用各种战略战术。同时，它具有朴素的思想，初步认识到了矛盾的对立和转化，提出了“极反其常”的重要思想，是对古代辩证法思想的贡献。

《六韬》对后代的军事思想有很大的影响，被誉为是兵家权谋的始祖。司马迁《史记·齐太公世家》称：“后世之言兵及周之阴权，皆宗太公为本谋。”张良、刘备、诸葛亮、孙权等都很重视《六韬》，《李卫公问对》中也多次提到它。继《通典》后，唐人著书论兵亦多引用它。宋神宗元丰年间，《六韬》被列为《武经七书》之一，成为武举必读之书。宋、明、清对《六韬》注释、集释、汇解者也不乏其人，该书在中国军事学术史上具有较高地位。《六韬》于16世纪传入日本，18世纪传入欧洲，在国外很受重视。于1772年在法国巴黎出版的《中国军事艺术》，第一次翻译中国的兵书共四种，《六韬》即为其中一种。此外朝鲜、越南等邻国也相继出版和翻译了《六韬》。日本的足利学校（培养军事顾问的学校）还曾把《六韬》与《三略》定为该校的主要教科书。据有关书目记载，日本研究、译介《六韬》的著作有三十多种。

《六韬》现今流传的版本主要有：1972 年山东临沂银雀山汉墓竹简残本和 1973 年河北定县八角廊汉墓竹简残本、敦煌遗书残本、《群书治要》本、光宗年间《武经七书》本、《四库全书》本、南宋孝宗。其中南宋孝宗、光宗年间刻印的《武经七书》本，是最为完整的。本书以之为底本，并参校其他版本进行注译。

鬼谷子

《鬼谷子》一书，据传是由鬼谷先生后学者根据先生言论整理而成。鬼谷子，其人大多被认为是王诩，是历史上极富神秘色彩的传奇人物，因隐居于清溪的鬼谷，故自称鬼谷子。主要著作有《鬼谷子》和《本经阴符七术》。他是春秋战国时期杰出的思想家、谋略家，也是纵横家的鼻祖。其弟子有孙膑、庞涓、苏秦、张仪等。但在司马迁《史记》、扬雄《法言》、王充《论衡》等相关著作中，均不见其详细的姓名、生平等内容的记载。

《鬼谷子》在汉代已经成书，并在两汉之间广为流传。其著录最早见于《隋书·经籍志》，列于纵横家。《隋书·经籍志》记载："《鬼谷子》三卷，皇甫谧注。鬼谷子，周世隐于鬼谷。"自《隋书·经籍志》后，《旧唐书·经籍志》《新唐书·艺文志》《宋史·艺文志》《通志·艺文略》《通考·经籍志》均有著录。此书的真伪，历来存在很大的争议，如唐代的柳宗元、清代的姚际恒等都认为《鬼谷子》是伪书。

今本《鬼谷子》共十七篇，今第十三、十四篇已亡佚。全书内容涉及政治、经济、外交、军事等诸多领域，侧重于权谋策略及言谈辩论技巧，其中涉及了大量的谋略问题，并与军事相联系。书中的很多思想带有强烈的功利色彩，对后世奉守的仁义道德形成很大冲击，如讲述如何用谋略和口才来控制掌握国家大权的君主。现在看来，《鬼谷子》中的阴谋诡道虽过于阴险狡诈而不可取，但在战国时代却迎合了当时的历史形势。

《鬼谷子》在当时及后世都产生了极大的影响。首先，它对战国时期纵横家的理论起过重要的指导作用．无论是苏秦的合纵还是张仪的连横，均出自《鬼谷子》。其次，后世对《鬼谷子》的评价也是褒贬不一，从西汉到清代的众多评说者均各持己见。概而言之，《鬼谷子》可称得上是一部研究社会政治斗争和谋略权术的重要书籍。

《鬼谷子》现在常见的版本，主要有道藏本及嘉庆十年江都秦氏刊本、四库全书本、四部丛刊本等。本书以四部丛刊本为底本，并参考其他版本进行译注。

限于笔者水平，书中不免有错讹之处，恳请大方之家指正。

李霞光

2013年6月

六韬

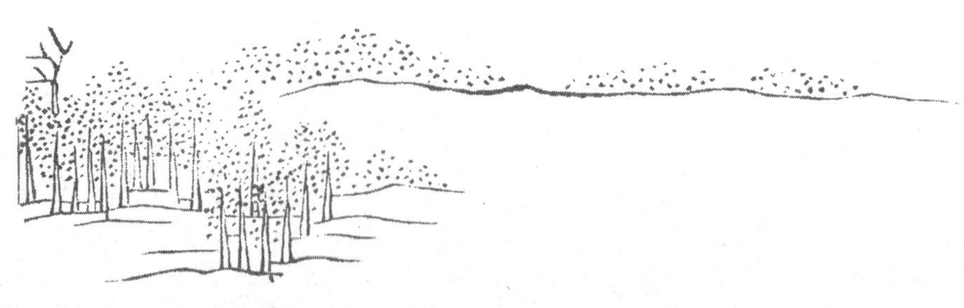

卷一　文韬

文师

文王将田[①]，史编布卜曰[②]：“田于渭阳[③]，将大得焉[④]。非龙、非彨[⑤]，非虎、非罴[⑥]，兆得公侯[⑦]，天遗汝师，以之佐昌，施及三王。”

文王曰：“兆致是乎？”

史编曰：“编之太祖史畴为禹占[⑧]，得皋陶[⑨]，兆比于此[⑩]。”

注释

①文王：即周文王姬昌，商末周部族的领袖，称西伯。其子周武王灭商建周后，谥其父为文王。田：通“畋”，打猎。

②史编布卜：史，官职名，先秦时主要掌管记事、祭祀及占卜等事务。编，人名。布卜，占卜的意思。

③渭阳：渭水北岸。渭，渭水。阳，水的北面。水北山南为阳，水南山北为阴。

④大得：大的收获。得，收获的意思。

⑤彨chī：通“螭”，传说中一种无角的龙。

⑥罴pí：熊的一种，也叫棕熊。

⑦兆：预兆。公侯：古代爵位的名称，共分五等，分别为公、侯、伯、子、男。爵位中第一等称公，第二等称侯。

⑧禹：传说中我国古夏后氏部落的领袖，以治理洪水而闻名。

⑨皋陶gāoyáo：传说中东夷族的领袖，舜时曾主管刑狱，后又辅佐禹。

⑩比：类似。

译文

周文王将要去打猎，史官编占卜以后说："您这次到渭河北岸打猎，将会有巨大的收获。所获得的不是龙，不是螭，不是虎，也不是熊，而是要得到一位堪为公侯的人才。他是上天赐予您的老师，辅佐您的事业日渐昌盛，并将恩惠延及三代帝王。"

文王问："占卜结果真是这样的吗？"

史编回答说："我的远祖史畴，曾为禹占卜，结果得到皋陶，卦象和今天类似。"

文王乃斋三日①，乘田车，驾田马，田于渭阳。卒见太公②，坐茅以渔。

文王劳而问之曰："子乐渔邪？"

太公曰："臣闻君子乐得其志，小人乐得其事。今吾渔，甚有似也。"

文王曰："何谓其有似也？"

太公曰:“钓有三权[3]:禄等以权,死等以权,官等以权。夫钓以求得也,其情深[4],可以观大矣[5]。”

注释

①斋:斋戒。古人在迎请贵宾前常斋戒沐浴,以示郑重。

②卒:结果。太公:即姜尚,字子牙。他被封在吕地,因此以吕为姓。西周初年,被周文王封为“太师”(武官名),辅佐文王,之与谋划“翦商”。后辅佐周武王灭商,被尊为“师尚父”。因功封于齐,成为周代齐国的始祖。他是中国历史上著名的政治家、军事家和谋略家。

③权:权谋、权术之义。

④情:情况,情形。

⑤大:大道理,泛指天下事。

译文

文王于是斋戒三天,然后乘着打猎的车,驾着打猎的马,到渭水北岸打猎。结果见到太公止坐在茅草丛生的河岸边钓鱼。

文王上前慰劳并询问:“您喜欢钓鱼吗?”

太公回答说:“我听说君子以实现自己的志向为乐,平凡人以做好自己的事情为乐。现在我钓鱼,与这个道理类似,并不是真正喜欢钓鱼。”

文王问:“为什么说这两者有相似之处呢?”

太公回答说:“钓鱼包含三种权术:用厚禄收买

人才，如同以饵钓鱼；用重金收买死士，也如同以饵钓鱼；用官职招揽人才，也如同以饵钓鱼。凡是垂钓，目的都是为了得鱼，但其中的道理十分深奥，从中可以看到大的道理。”

文王曰：“愿闻其情。”

太公曰：“源深而水流，水流而鱼生之，情也；根深而木长，木长而实生之[①]，情也；君子情同而亲合[②]，亲合而事生之，情也。言语应对者，情之饰也；言至情者，事之极也[③]。今臣言至情不讳，君其恶之乎[④]？”

注释

①实：果实。

②亲合：亲密合作之义。

③极：有顶端、最高之义，此处可理解为“极好的状态或程度”。

④恶wù：厌恶。

译文

文王说：“我希望听听这其中的情实。”

太公回答说：“水的源头深，水流就不停息，水流不停息，鱼类就能生存，这是合乎情实的；树的根须深，枝叶就茂盛，枝叶茂盛，果实就能结成，这是合乎情实的；君子情投意合，就能亲密合作，亲密合作，大事就能成功，这是合乎情实的。言语之间的交流，是用来掩饰真情的；能说真情实话，才能把事情做到极好。现在我毫无隐讳说出真情实话，恐怕会引起您的反感吧？”

文王曰：“惟仁人能受直谏[①]，不恶至情，何为其然[②]？”

太公曰：“缗微饵明[③]，小鱼食之；缗调饵香，中鱼食之；缗隆饵丰[④]，大鱼食之。夫鱼食其饵[⑤]，乃牵于缗；人食其禄，乃服于君。故以饵取鱼，鱼可杀；以禄取人，人可竭；以家取国，国可拔；以国取天下，天下可毕[⑥]。呜呼！曼曼绵绵[⑦]，其聚必散；嘿嘿昧昧[⑧]，其光必远。微哉！圣人之德，诱乎独见。乐哉！圣人之虑，各归其次，而树敛焉[⑨]。”

注释

①直谏：直言劝谏。

②何为其然：宾语前置，现在的语法句序应是“其为何然”。

③缗mín：长丝绳，在此指钓绳。

④隆：粗大的意思。

⑤夫：语气词。放在句首为发语词，放在句尾则为语气助词。

⑥毕：全部，都。这里指取得。

⑦曼曼绵绵：漫长，绵延的样子。

⑧嘿mò嘿昧昧：沉寂不明的样子。

⑨树敛：建立凝聚力，收拢人心。树，建立。敛，收拢，聚集。

译文

文王说："只有具备仁德品质的人才能接受直言规谏，而不厌恶真情实话。我怎么会反感呢？"

太公说："钓丝细微，鱼饵明显，小鱼就会上钩；钓丝适中，鱼饵味香，中等大小的鱼就会上钩；钓丝粗大，鱼饵丰肥，大鱼就会上钩。鱼贪食鱼饵，就会被钓丝牵住；人得到君主俸禄，就会服从君主驱使。所以用鱼饵钓鱼，鱼便可供烹食；用俸禄网罗人才，人才就能尽为所用；以家为基础取国，国就能被据为已有；以国为基础取天下，天下就可征服。啊！土地广大，国祚绵长，它所积聚起来的东西，最终必将烟消云散；看起来沉寂昏暗，它的光芒必将照亮远方。微妙啊！圣人的德行，就在于独创地、潜移默化地收揽人心。欣喜啊！圣人所思虑的事情，就是使天下人人各得其所，从而建立起凝聚人心的办法。"

文王曰："树敛若何[①]，而天下归之[②]？"

太公曰："天下非一人之天下，乃天下之天下也。同天下之利者，则得天下；擅天下之利者[③]，则失天下。天有时，地有财，能与人共之者，仁也。仁之所在，天下归之。免人之死，解人之难，救人之患，济人之急者，德也。德之所在，天下归之。与人同忧同乐，同好同恶者，义也。义之所在，天下赴之。凡人恶死而乐生[④]，好德而归利，能生利者，道也。道之所在，天下归之。”

文王再拜曰：“允哉[⑤]，敢不受天之诏命乎！”乃载与俱归，立为师。

注释

①若何：与“何如”同，表示疑问。

②归之：使动用法，使之归。

③擅：独占。

④凡：凡是。

⑤允：确实如此。

译文

文王问道：“怎样建立凝聚力而使天下归心呢？”

太公回答说：“天下不是一个人的天下，而是天下所有人共有的天下。能同天下所有人共同分享天下利益的，就可以取得天下；独占天下利益的，就会失掉天下。天有四时，地有财富，能让人们共同享用的，就是仁爱。仁爱在哪里，天下之人就会归附哪里。免除人们的死亡，解救人们的苦难，消除人们的祸患，救助人们的危急，就是恩德。恩德在哪里，天下之人就会归附哪里。和人们同忧同乐，同好同恶，就是道义。道义在哪里，天下之人就会奔赴哪里。凡是人无不厌恶死亡而愿意生存，喜好恩德而趋附利益，能为天下人谋求利益的，就是王道。王道在哪里，天下之人就会归附哪里。”

文王拜了两拜说："先生讲得太对了！我怎敢不接受上天的旨意！"于是与太公一同乘车回到国都，并拜他为国师。

盈虚

文王问太公曰："天下熙熙[①]，一盈一虚[②]，一治一乱，所以然者，何也？其君贤不肖不等乎[③]？其天时变化自然乎[④]？"

太公曰："君不肖，则国危而民乱；君贤圣，则国安而民治。祸福在君，不在天时。"

注释

①熙熙：纷扰杂乱的样子。

②盈、虚：意指盛衰。盈，充满。虚，空虚。

③不肖：不贤明。

④天时：天地变化运行的时序。此处意为天命。

译文

文王问太公说："天下纷杂熙攘，有时兴盛，有时衰弱，有时安定，有时混乱，之所以这样，是什么原因呢？是君主贤明与不贤明程度不同所导致的呢？还是因为天命变化而造成的？"

太公回答说："君主不贤明，则国家危亡而民众叛乱；君主贤明，则国家安定而天下大治。所以，国家的祸福取决于君主是否贤明，而不是取决于天命。"

文王曰："古之圣贤可得闻乎？"

太公曰："昔者帝尧之王天下[1]，上世所谓贤君也。"

文王曰："其治如何？"

太公曰："帝尧王天下之时，金银珠玉不饰，锦绣文绮不衣[2]，奇怪珍异不视，玩好之器不宝[3]，淫佚之乐不听，宫垣屋宇不垩[4]，甍桷椽楹不斫[5]，茅茨遍庭不剪[6]。鹿裘御寒，布衣掩形，粝粱之饭[7]，藜藿之羹[8]。不以役作之故，害民耕绩之时。削心约志，从事乎无为[9]。吏忠正奉法者尊其位，廉洁爱人者厚其禄，民有孝慈者爱敬之，尽力农桑者慰勉之。旌别淑德[10]，表其门闾[11]，平心正节[12]，以法度禁邪伪[13]。所憎者，有功必赏；所爱者，有罪必罚。存养天下鳏寡孤独[14]，赈赡祸亡之家[15]。其自奉也甚薄，其赋役也甚寡。故万民富乐而无饥寒之色，百姓戴其君如日月，亲其君如父母。"

文王曰："大哉！贤君之德矣。"

注释

①尧：上古传说中部落联盟的首领，后泛指圣人。此处姜尚以尧为昔日圣君来劝谏文王。王wàng天下：成为天下之王，意为统治天下。

②锦绣文绮：指做工精细、华丽漂亮的丝织品。衣yì：意为穿衣。

③玩好之器：供欣赏玩乐的奢侈品。宝：以之为宝。

④垩è：可供粉刷用的白土。此处作动词，意为粉刷。

⑤甍méng：屋脊。桷jué：横排在屋梁上的方形木条。椽：椽子。楹：厅堂前部的大柱子。斫zhuó：砍。

⑥茨cí：蒺藜。

⑦粝lì粱：粗劣的粮食。粝，粗糙的米。粱，高粱。

⑧藜藿líhuò：野生菜蔬。藜，蒺藜。藿，豆类植物的叶子，代指豆子。

⑨无为：指顺应自然，效法天地，以清静求安定。“无为”是道家政治哲学的重要思想主张。

⑩旌别：甄别、识别。旌，表彰。淑德：美德。

⑪闾：里巷的大门。

⑫平心正节：平，公正、公平。正，端正。节，节操、操守。

⑬邪伪：奸邪，虚伪。

⑭鳏guān寡孤独：泛指没有劳动能力而又没有亲属供养的人。鳏，老而无妻或丧妻者。寡，五十岁无夫曰寡，今妇人丧夫皆曰寡。孤，幼年丧父或父母双亡者。独，老而无子者。

⑮赈：救济。赡：赡养，供养。

译文

文王问道：“古时贤君的事迹，可以讲给我听听吗？”

太公回答说：“从前尧帝统治天下，上古的人都称他为贤君。”

文王问道：“帝尧是怎样治理国家的？”

太公回答说：“帝尧统治天下时，不用金银珠玉作饰品，不穿锦绣华丽的衣服，不观赏珍贵奇异的物品，不珍视古玩宝器，不听淫佚的音乐，不粉饰宫廷墙垣，不雕梁画栋，不修剪庭院中的茅草。以鹿裘御寒，用粗布蔽体，吃粗粮饭，喝野菜汤。不因征发劳役而耽误百姓耕织。约束自己的欲望，克制自己的贪念，用清静无为治理国家。官吏忠贞守法的就升迁其官位，廉洁爱民的就增加其俸禄。民众中孝敬长者、慈爱晚辈的给予敬重，尽力务农养蚕的予以慰勉，甄别善恶良莠，善良人家在其门前立碑表彰。内心公平品德节操端正，用法制禁止邪恶虚伪。对自己所厌恶的人，如果建立功勋，同样给予奖赏；对自己所喜爱的人，如果犯有罪行也必定给予惩罚。赡养没有劳动能力和无亲属的人，救济遭受灾祸之家。至于帝尧自己的生活，则十分俭朴，征收赋税劳役微薄。因此，天下民众富足安乐而没有饥寒之色，百姓拥戴他如同景仰日月，亲近他如同亲近父母。”

文王说：“伟大呀！贤君的高尚德行。”

国务

文王问太公曰："愿闻为国之大务[①]，欲使主尊人安[②]，为之奈何[③]？"

太公曰："爱民而已。"

文王曰："爱民奈何？"

太公曰："利而无害，成而勿败，生而勿杀，与而勿夺，乐而勿苦，喜而勿怒。"

文王曰："敢请释其故[④]。"

太公曰："民不失务则利之，农不失时则成之，省刑罚则生之，薄赋敛则与之[⑤]，俭宫室台榭则乐之[⑥]，吏清不苛扰则喜之。民失其务则害之，农失其时则败之，无罪而罚则杀之，重赋敛则夺之，多营宫室台榭以疲民力则苦之，吏浊苛扰则怒之。故善为国者，驭民如父母之爱子[⑦]，如兄之爱弟，见其饥寒则为之忧，见其劳苦则为之悲，赏罚如加于身，赋敛如取己物。此爱民之道也。"

注释

①为国：治理国家。务：要务。

②尊：受到尊敬。安：安定。

③为之奈何：对此怎么办呢。也可解释为：怎么处理这事呢。

④敢：谦辞，冒昧的意思。释：解答，解释。

故：缘故。

⑤敛：征收赋税。

⑥台：高而平的建筑物。榭：在台上盖的高屋。本为存放武器之所，后成为游赏观景之地。

⑦驭：驾驭，治理。

译文

文王问太公说："希望听您讲讲治理国家的要务。想要使君主受到尊崇、民众得到安宁，对此应该怎么办呢？"

太公说："只要爱民就可以了。"

文王问："应当怎样爱民呢？"

太公回答说："使民众获得利益而不损害他们的利益，使民众取得成功而不是导致他们失败，使民众生存而不无辜被杀害，给予民众实惠而不掠夺侵占，使民众安乐而不要让他们遭受痛苦，使民众喜悦而不要激起他们的愤怒。"

文王说："冒昧请您解释一下这其中的缘故。"

太公说："民众不失去本务，就是得到利益；不耽误农时，就是促成了他们的生产；减轻刑罚，就是保护民众生存；减少赋税征收，就是给予民众实惠；少修建宫室台榭，就是使民众安乐；官吏清廉不苛刻扰民，就是使民众喜悦。反之，使民众失去本务，就是损害了他们的利益；耽误农时，就是耽误了民众的生产；民众无罪而妄加惩罚，就是对他们的残害；横征暴敛，就是对民众的掠夺；大兴土木修建宫室亭台而使民力疲劳，就会增加民众的痛苦；官吏贪污苛刻扰民，就会激起民众的愤怒。所以，善于治国的君主，统治民众像父母爱护子女，像兄长爱护弟弟那样。看到他们饥寒就为他们忧虑，看到他们劳苦就为他们悲痛。对他们施行赏罚就像自己得到赏罚，向他们征收赋税如同夺取自己的财物。这些就是爱民的方法。”

大礼

文王问太公曰："君臣之礼如何？"

太公曰："为上唯临[①]，为下唯沉[②]。临而无远[③]，沉而无隐[④]。为上唯周[⑤]，为下唯定[⑥]。周，则天也[⑦]；定，则地也。或天或地，大礼乃成。"

文王曰："主位如何？"

太公曰："安徐而静[⑧]，柔节先定[⑨]，善与而不争，虚心平志，待物以正[⑩]。"

注释

①临：居高临下，此处指洞察下情。

②沉：深沉隐伏，此处指谦恭驯服。

③远：意为疏远民众。

④隐：隐匿私情。

⑤周：周遍，普遍，指普施恩德。

⑥定：稳定，安定，指安分守己。

⑦则：效法。

⑧安徐：安定稳重。静：沉着清静。

⑨柔节：柔和有节。定：拿定主意。

⑩待物以正：宾语前置，应为"以正待物"，指以公正之心对待事物。

译文

文王问太公道："君主与臣民之间的礼法应该是怎样的？"

太公回答说："身为君主最重要的是洞察下情，做臣民的最重要的是驯服谦恭。君主洞察下情在于不疏远臣民，臣民驯服谦恭应该不隐瞒私情。做君主的要遍施恩惠，做臣民的应安守本分。遍施恩惠，即是天；安守本分，即是地。君主效法上天，臣民效法大地，这样君臣之间的礼法就能确立了。"

文王问道："身居君主之位，应该怎样做？"

太公答道："应该安详稳重而沉着清静，柔和有节而胸有成竹，善于施惠而不同百姓争利，虚心静气待人，处理事务公平正直。"

文王曰："主听如何？"

太公曰："勿妄而许，勿逆而拒[①]。许之则失守[②]，拒之则闭塞。高山仰止，不可极也；深渊度之，不可测也。神明之德，正静其极。"

文王曰："主明如何？"

太公曰："目贵明，耳贵聪，心贵智，以天下之目视，则无不见也；以天下之耳听，则无不闻也；以天下之心虑，则无不知也。辐辏并进[③]，则明不蔽矣。"

注释

①逆：迎。

②守：操守，引申为内心的主见。

③辐辏còu：这里指如同车辐一样聚集到中心。辏，会合，聚合。

译文

文王问："君主应该怎样倾听意见呢？"

太公答道："不要轻率地接受，也不要迎头拒绝。轻率接受就容易丧失主见，粗暴拒绝就会闭塞言路。君主要像高山那样，使人仰望敬服；要像深渊那样，使人难以揣摩。神圣英明的君主之德，就是公正清静达到极点。"

文王问："君主怎样才能做到洞察一切呢？"

太公答道："眼睛贵在明察事物，耳朵贵在倾听意见，头脑贵在考虑周详。君主依靠天下人的眼睛去观察事物，那么天下的事物就没有看不见的；君主利用天下人的耳朵去倾听意见，那么天下的意见就没有听不到的；君主凭借天下人的头脑去思考，那么天下的事物就没有不能知晓的。四面八方的情况像辐辏一样都聚集到君主那里，君主自然就能洞察一切而不受蒙蔽了。"

明传

文王寝疾[①]，召太公望，太子发在侧[②]。

曰："呜呼！天将弃予，周之社稷将以属汝[③]。今予欲师至道之言[④]，以明传之子孙。"

太公曰："王何所问[⑤]？"

文王曰："先圣之道，其所止，其所起，可得闻乎？"

太公曰："见善而怠[⑥]，时至而疑，知非而处，此三者道之所止也。柔而静，恭而敬，强而弱，忍而刚，此四者，道之所起也。故义胜欲则昌[⑦]，欲胜义则亡；敬胜怠则吉[⑧]，怠胜敬则灭。"

注释

①寝疾：卧病。疾，指一般的病。

②发：即姬发，文王次子。文王死后，姬发继位为君，推翻商朝，建立西周，史称武王。

③社稷：社，古代指土地之神。稷，指五谷之神。后演化为国家的象征。属zhǔ：同"嘱"，嘱托，托付。

④师：师法，效法。

⑤何所问：宾语前置，应为"所问何"，意为想问的是什么。

⑥怠：松懈，懈怠。

⑦义：美好的道德和行为。胜：超过，压倒。

⑧敬：敬慎，敬谨。

译文

文王卧病在床，召见太公吕望，太子姬发也在一旁。

文王说：“唉！上天将要抛弃我了，周国的社稷大事就要托付给您了。现在我想学习治国之道，以便明确地传给子孙后代。”

太公问：“大王想问些什么呢？”

文王说：“古代圣贤的治国之道，终止的原因，兴起的原因，您能把其中的道理讲给我听听吗？”

太公回答道：“见到国势良好就懈怠，时机来临却迟疑不决，知道错误却泰然处之，这三种情况就是造成终止的原因。柔和而清静，谦恭而敬谨，强大而自居弱小，隐忍而刚强，这四种情况是兴起的原因。所以义理战胜私欲，国家就能昌盛；私欲胜过义理，国家就会衰亡；敬谨胜过懈怠，国家就能昌吉；懈怠胜过敬谨，国家就会灭亡。”

六守

文王问太公曰："君国主民者[①]，其所以失之者何也？"

太公曰："不慎所与也[②]。人君有六守、三宝[③]。"

文王曰："六守者何也？"

太公曰："一曰仁，二曰义，三曰忠，四曰信，五曰勇，六曰谋，是谓六守。"

注释

①君：统治，掌管。与以下"主"义同。

②与：给予，托付，引申为任用人才。

③六守：即用人的六项标准。守，遵守，奉行。此处指挑选任用臣子的标准。三宝：即关系国家经济命脉的三件大事。宝，宝贵。此处指国家经济命脉。

译文

文王问太公道："统治国家管理百姓的君主，有的却失去国家和百姓，这是为什么呢？"

太公答道："这是君主不谨慎任用人才造成的。君主应该做到六守、三宝。"

文王问："什么是六守呢？"

太公回答说："一是仁爱，二是正义，三是忠诚，四是信用，五是勇敢，六是谋略。这就是所谓的六守。”

文王曰：“慎择六守者何？”

太公曰：“富之而观其无犯[①]，贵之而观其无骄，付之而观其无转，使之而观其无隐，危之而观其无恐，事之而观其无穷。富之而不犯者，仁也；贵之而不骄者，义也；付之而不转者，忠也；使之而不隐者，信也；危之而不恐者，勇也；事之而不穷者，谋也。人君无以三宝借人，借人则君失其威。”

文王曰：“敢问三宝？”

太公曰：“大农、大工、大商[②]，谓之三宝。农一其乡[③]，则谷足；工一其乡，则器足；商一其乡，则货足。三宝各安其处，民乃不虑。无乱其乡，无乱其族，臣无富于君，都无大于国[④]。六守长，则君昌；三宝全，则国安。”

注释

①犯：违背礼法。

②大：重视、发展的意思。

③乡：行政区划单位，此泛指城市以外的地方。

④都：大城邑，此特指臣下的封邑。国：国都，首都。

译文

文王问：“如何谨慎地选拔符合六守标准的人

才呢？”

太公说：“使他富裕，以考验他是否逾越礼法；使他尊贵，以考验他是否骄横放纵；委以重任，以考验他是否坚定不移地去完成；命令他处理问题，以考验他是否隐瞒欺骗；让他身临危难，以考验他是否临危不惧；让他处理突发事变，以考验他是否应对自如。使他富贵而他没有逾越本分，那就是仁爱；使他尊贵而他不骄横放纵，那就是正义；使他身负重任而他能坚定不移去完成，那就是忠诚；让他处理问题而他不专断蛮横，那就是信用；使他身处危难而他无所畏惧，那就是勇敢；让他面对突发事变而他能应付自如，那就是智谋。君主不要把三宝交给别人，如果交给别人，君主就会丧失自己的权威。”

文王问：“您所指的三宝是什么？”

太公答道：“重视发展农业、工业、商业，这三种行业叫作三宝。把农民组织起来聚居在一处进行生产，粮食就会充足；把工匠组织起来聚居在一处进行生产，器具就会充足；把商贾组织起来聚居在一处进行贸易，财货就会充足。让这三大行业各安其业，民众就不会变得焦虑。不应扰乱这种区域结构，不要拆散居民的家族组织。使臣下不得富于君主，其封邑不得大于国都。六守得到长久坚持，君主的事业就能昌盛发达；三宝发展完善，国家就会长治久安。”

守土

文王问太公曰："守土奈何？"

太公曰："无疏其亲，无怠其众，抚其左右，御其四旁。无借人国柄[①]，借人国柄，则失其权。无掘壑而附丘[②]，无舍本而治末。日中必彗[③]，操刀必割，执斧必伐。日中不彗，是谓失时；操刀不割，失利之期；执斧不伐，贼人将来。涓涓不塞[④]，将为江河；荧荧不救[⑤]，炎炎奈何[⑥]；两叶不去[⑦]，将用斧柯[⑧]。是故人君必从事于富，不富无以为仁，不施无以合亲。疏其亲则害，失其众则败。无借人利器[⑨]，借人利器，则为人所害而不终其世也。"

注释

①柄：权柄。

②无掘壑而附丘：不要挖掘深谷之土而增附于山丘之上，引申为不要损下而益上。

③彗：通"暳"，天光明亮。

④涓涓：细小的流水。

⑤荧荧：极其微弱的火光。荧，微弱的光。

⑥炎炎：烈火。

⑦两叶：草木萌芽时的两片嫩叶。

⑧斧柯：斧柄，此处代指斧子。

⑨利器：锐利的兵器，引申为国家权力。

译文

文王问太公说："怎样守卫国土呢？"

太公答道："不可疏远宗族，不可怠慢民众，要安抚左右，控制天下四方。不要把治国大权委托给别人，把治国大权委托给别人，君主就会失去自己的权威。不要挖掘沟壑去堆积土丘，不要舍弃根本去追逐末节。太阳正当午，一定会极度明亮；拿起刀子，要抓紧时间收割；持有斧头，要抓紧时机砍伐。正午时不够明亮就会丧失阴阳；拿起刀子不宰割会丧失时机，手执斧钺不杀敌，敌人就会乘虚而入。涓涓细流不堵塞，将会汇成滔滔江河；微弱的火星不扑灭，将会酿成熊熊烈火而无可奈何；树枝两侧的两片嫩叶不摘除，最终必得用斧柯去砍伐。所以，君主必须要从事使国家变得富足的事业。不使国家富足就不能施行仁政，不施行仁政就不能团结宗亲。疏远自己的宗亲就会受害，失去自己的民众就会衰败。不要把统治国家的权力交给别人，统治权交给别人，就会被人所害而不得善终。"

文王曰："何谓仁义？"

太公曰："敬其众，合其亲。敬其众则和，合其亲则喜，是谓仁义之纪[①]。无使人夺汝威，因其明，顺其常。顺者任之以德，逆者绝之以力[②]。敬之勿疑，天下和服。"

注释

①纪：纲纪，准则。

②绝之以力：用武力加以灭绝。

译文

文王问道："什么是仁义呢？"

太公回答说："尊重自己的民众，团结自己的宗亲。尊重民众就会和睦，团结宗亲就会喜悦，这就是行仁义的准则。不要让人夺去了你的权威，要凭借自己的明察顺应常理去处理事务。顺从自己的人，要施予恩惠加以任用；反对自己的人，就动用武力进行消灭。遵循上述原则而毫不迟疑，天下就会和顺而臣服了。"

守国

文王问太公曰："守国奈何？"

太公曰："斋，将语君天地之经①，四时所生，仁圣之道，民机之情②。"

王斋七日，北面再拜而问之③。太公曰："天生四时，地生万物，天下有民，仁圣牧之④。故春道生，万物荣；夏道长，万物成；秋道敛，万物盈；冬道藏⑤，万物寻⑥。盈则藏，藏则复起，莫知所终，莫知所始。圣人配之⑦，以为天地经纪。故天下治，仁圣藏；天下乱，仁圣昌，至道其然也。圣人之在天地间也，其宝固大矣⑧。因其常而视之⑨，则民安。夫民动而为机，机动而得失争矣。故发之以其阴，会之以其阳⑩。为之先唱⑪，天下和之⑫。极反其常⑬，莫进而争，莫退而让。守国如此，与天地同光。"

注释

①经：常道，一般规律，与下文的"经纪"同义。

②机：这里指人的机变之智。

③北：古人就座时以面南为尊，面北相对于面南为卑。

④牧：管理，治理。

⑤藏：储藏。

⑥寻：一作“静”，隐藏不动的意思。

⑦配：相配，引申为参照效仿。

⑧宝：指圣人的地位和作用。

⑨视：比，有效法之义。

⑩发之以其阴，会之以其阳：全句意为隐蔽秘密地发展力量，抓住时机，正大光明地进行讨伐。发，发展。阴，暗中，秘密。会，机会，时机。阳，光明正大。

⑪唱：同“倡”，提倡的意思。

⑫和：附和，响应。

⑬反：同“返”，回归，回复。

译文

文王问太公道：“怎样才能守卫国家呢？”

太公说：“请您先斋戒，然后我再告诉您关于天地之间运行的规律，四时运行的规律，圣贤的治国之道，民心转变的根源。”

文王于是斋戒七天，面向北拜了两拜才问太公。太公说：“天有四时，地生万物。天下有民众，民众由圣贤统治。春天的规律是滋生，万物都欣欣向荣；夏天的规律是成长，万物都茂盛繁荣；秋天的规律是收获，万物都饱满成熟；冬天的规律是贮藏，万物都隐藏不动。万物成熟就收藏，收藏之后则又重新滋生，如此周而复始、循环往复，既不知道终点，也不知起点。圣人参照效法这一自然规律，作为治理天下的普遍原则。所以天下大治时，仁人圣君就隐而不露；天下动乱之时，仁人圣君就伺机而起，建功立业，这就是道的最高境界。圣人在天地之间，他的地位和作用的确重大。他遵循常理治理天下，民众就能安定。民心不定，就会是动乱发生的契机，一旦出现这种契机，权力得失之争也必然随之而起。这时圣人就暗中发展自己的力量，待到时机成熟就公开进行讨伐。首先起来加以倡导，天下必然群起响应。当事物发展到极端时就会恢复原有态势，既不要过激地争夺，也不要过分地退让。这样来守卫国家，就可以与天地共存，与日月同光了。”

上贤

文王问太公曰："王人者[①]，何上何下[②]？何取何去？何禁何止？"

太公曰："王人者上贤[③]，下不肖[④]，取诚信，去诈伪[⑤]，禁暴乱，止奢侈。故王人者，有六贼、七害。"

注释

①王人者：统治臣民的君主。

②上：使动用法，使……上，含有尊崇之义。
下：使动，使……下，含有贬抑之义。

③上贤：尊重德才兼备之人。

④不肖：无德无才之人。

⑤去：摒弃。

译文

文王问太公道："作为统御臣民的君主，应当尊崇什么人，贬抑什么人？任用什么人，除去什么人？应该严禁什么事，制止什么事？"

太公回答说："作为统治臣民的君主，应该让德才兼备之人居于尊崇的地位，使无德无才之辈居于下位，任用忠诚信实之人，摒弃奸诈虚伪之徒，严禁暴乱行为，制止奢侈风气。所以统治臣民的君主应当警惕六贼、七害。”

文王曰：“愿闻其道。”

太公曰：“夫六贼者：一曰，臣有大作宫室池榭，游观倡乐者[1]，伤王之德；二曰，民有不事农桑，任气游侠[2]，犯历法禁[3]，不从吏教者，伤王之化；三曰，臣有结朋党[4]，蔽贤智，障主明者，伤王之权；四曰，士有抗志高节[5]，以为气势，外交诸侯，不重其主者，伤王之威；五曰，臣有轻爵位，贱有司[6]，羞为上犯难者，伤功臣之劳；六曰，强宗侵夺，凌侮贫弱者，伤庶人之业。七害者：一曰，无智略权谋，而以重赏尊爵之故，强勇轻战，侥幸于外[7]，王者谨勿使为将；二曰，有名无实，出入异言[8]，掩善扬恶，进退为巧，王者谨勿与谋；三曰，朴其身躬，恶其衣服，语无为以求名，言无欲以求利。此伪人也，王者慎勿近；四曰，奇其冠带[9]，伟其衣服，博闻辩辞，虚论高议，以为容美，穷居静处，而诽时俗。此奸人也，王者慎勿宠；五曰，谗佞苟得[10]，以求官爵，果敢轻死，以贪禄秩[11]，不图大事，得利而动，以高谈虚论说于人主，王者谨勿使；六曰，为雕文刻镂，技巧华饰，而伤农事，王者必禁之；七曰，伪方异伎[12]，巫蛊左道[13]，不祥之言，幻惑良民，王者必止之。”

注释

①倡：指古时表演音乐歌舞的艺人。

②任气：任性，意气用事。游侠：指古代爱好交游、急人之难的侠士。这些人虽然轻生重义，但往往也无视法律，以武犯禁。

③犯历法禁：触犯违反法令。

④朋党：原指一些人为自私的目的而互相勾结，朋比为奸，后来泛指士大夫结党，形成官僚利益集团。

⑤抗志高节：心志高傲，标榜节操。

⑥有司：指官吏。古代设官分职，各有专司，故称有司。

⑦侥幸于外：希望在军事行动上侥幸取胜。外，战场。

⑧出入异言：言行不一，当面一套，背后一套。

⑨冠带：穿着打扮。

⑩谗佞：进谗言的奸邪之人。

⑪禄秩：官吏的俸禄。

⑫伪方异伎：用以骗人而无实效的方术。方，指方士。伎，同“技”，指医卜星相与养生炼丹之类的技艺。

⑬巫蛊gǔ：用巫术加害他人。蛊，一种人工培养的毒虫，用来害人。左道：歪门邪道。

译文

文王说：“希望听您讲讲这其中的道理。”

太公说：“所谓六贼就是：一、臣子中有大兴土木，修建宫室台池亭榭，以供游乐观赏的，就会败坏君主的德行；二、民众中有不从事农桑，意气用事，爱好游侠，违犯法令，不服从官吏管教的，就会败坏君主的教化；三、臣子中有结党营私，排挤圣贤明智之士，蒙蔽君主视听的，就会损害君主的权势；四、士人中有心志高傲、标榜节操，气焰嚣张，对外又结交诸侯，不尊重君主的，就会损害君主的威严；五、臣僚中有轻视爵位，藐视上级，耻于为君主冒险解除危难的，就会打击功臣的积极性；六、强宗大族争相掠夺，欺压贫弱的，就会损害民众的生计之业。所谓七害是：一、没有智略权谋，为了获得重赏高官，而恃勇逞强，轻率赴战，企求侥幸之功的，君主切勿让这种人担任将帅；二、徒有虚名而无实才，言行不一，掩人之善，扬人之恶，到处钻营取巧的，君主必须小心，切勿同这种人共谋大事；三、外表朴实，穿着粗劣，自称无为，实是沽名，自称无欲，实是图利，这是虚伪之人，君主切勿同他亲近；四、冠带奇特，衣着华丽，博闻善辩，高谈阔论，以此美化自己，身居偏僻简陋之处，专门诽谤时俗，这是奸诈之人，君主切勿宠信；五、谗言谄媚，不择手段，以求官爵；鲁莽轻率不惜性命，以贪图俸禄。不顾大局，见利妄动，高谈阔论取悦君主，这种人君主切勿任用；六、从事雕文刻镂、技巧华饰一类工艺，因而妨害农业生产的，君主必须加以禁止；七、用骗人的方术，奇特的技艺，巫蛊左道，符咒妖言，迷惑欺骗善良百姓的，君主必须加以制止。”

“故民不尽力，非吾民也；士不诚信，非吾

士也；臣不忠谏，非吾臣也；吏不平洁爱人，非吾吏也；相不能富国强兵，调和阴阳[①]，以安万乘之主[②]，正群臣，定名实，明赏罚，乐万民，非吾相也。夫王者之道如龙首[③]，高居而远望，深视而审听，示其形，隐其情，若天之高不可极也，若渊之深不可测也。故可怒而不怒，奸臣乃作；可杀而不杀，大贼乃发[④]；兵势不行，敌国乃强。”

文王曰：“善哉！”

注释

①调和阴阳：调和天地万物之理。

②万乘shèng之主：拥有一万辆战车的君主，意指大国君主。乘，四马一车为一乘。

③王者之道如龙首：全句意为作为君主，要像龙头一样，高居九天之上，隐约云雾之中，使人可仰而不可即，可望而不可测。

④大贼：祸乱国家的人。

译文

“所以百姓不尽力从事耕作，那就不是我的百姓；士人不忠诚守信，那就不是我的士人；大臣不敢直言进谏，那就不是我的大臣；官吏不公正廉洁爱护民众，那就不是我的官吏；宰相不能富国强兵，调和各种矛盾，处理各项问题，确保君主地位稳固，整顿朝廷纲纪，核查名实，严明赏罚，使民众安居乐业，那就不是我的宰相了。君主之道如同龙头，高瞻远瞩而洞察一切，深刻观察问题，谨慎听取意见；显示行迹，却将情实隐藏于内心。使人感觉像天那样高而没有边际，像深渊那样深不可测。因此，君主该愤怒却不愤怒，奸臣就会兴风作浪；该开杀戒的时候却不杀，祸乱国家的人就会随之发动动乱；该兴兵讨伐敌国的时候却不讨伐，敌国就会强大起来。”

文王说：“您说得太对了！”

举贤

文王问太公曰："君务举贤而不能获其功[①]，世乱愈甚，以致危亡者，何也？"

太公曰："举贤而不用，是有举贤之名而无用贤之实也。"

文王曰："其失安在[②]？"

太公曰："其失在君。好用世俗之所誉[③]，而不得其真贤也。"

注释

①务：从事于，致力于。功：功效。

②其失安在：疑问代词作宾语前置，应为"其失在安"，意为"这种过失的原因在哪里呢？"

③世俗：指凡庸的人。誉：赞誉，称赞。

译文

文王问太公说："君主致力于举贤任能，却不能收到实效，时局越来越动荡，以致国家陷于危亡，这是为什么呢？"

太公答道："选拔出贤能而不能加以任用，这是徒有举贤的虚名，而没有用贤的实质。"

文王问道："导致这种过失的原因在哪里呢？"

太公答说："导致这一过失的原因在于君主，君主喜欢任用世俗赞誉的人，却不能得到真正的贤人。”

文王曰：“何如？”

太公曰：“君以世俗之所誉者为贤，以世俗之所毁者为不肖，则多党者进[①]，少党者退。若是则群邪比周而蔽贤[②]，忠臣死于无罪，奸臣以虚誉取爵位，是以世乱愈甚，则国不免于危亡。”

文王曰：“举贤奈何？”

太公曰：“将相分职，而各以官名举人。按名督实，选才考能，令实当其能，名当其实，则得举贤之道也。”

注释

①党：党羽。

②比周：结党营私，串通勾结。

译文

文王问道：“为什么会这样呢？”

太公说：“君主把世俗所称赞的人当作贤能之人，把世俗所诋毁的人当作不贤之人，那么党羽多的人就得以任用，党羽少的人就会被排斥。这样奸邪之人就会结党营私而埋没贤能，忠臣无罪而被置于死地，奸臣凭借虚名骗取爵位，所以社会越来越混乱，国家也就不能避免灭亡了。”

文王问道：“应该怎样举贤呢？”

太公答道：“将相各自恪守其职，根据各级官职的名位选拔人才。按照名位督检实际才能，选拔和考查人才，使其德才与官位相称，名声与德才相称，这样就掌握了举贤选能的原则和方法了。”

赏罚

文王问太公曰："赏所以存劝①，罚所以示惩。吾欲赏一以劝百②，罚一以惩众，为之奈何？"

太公曰："凡用赏者贵信，用罚者贵必。赏信罚必于耳目之所闻见，则所不闻见者，莫不阴化矣③。夫诚，畅于天地④，通于神明，而况于人乎？"

注释

①劝：劝勉，鼓励。

②百：虚数，这里泛指很多人。

③阴化：暗中变化，潜移默化。

④畅：畅行无阻。

译文

文王问太公说："奖赏是用来给人以鼓励，惩罚是用来给人以警诫。我想用奖赏一个人来鼓励很多人，惩罚一个人而让很多人受到警诫，应该怎么办呢？"

太公回答道："凡是奖赏贵在信守诺言，惩罚贵在言出必行。奖赏守信，惩罚必行，是人们耳朵能听到、眼睛能看见的，那么即使是没有听到和看见的人也都会潜移默化地受到影响。诚信能够畅行于天地，上通于神明，更何况是对人呢？"

兵道

武王问太公曰："兵道何如？"

太公曰："凡兵之道，莫过于一[①]。一者，能独往独来[②]。黄帝曰[③]：'一者，阶于道[④]，几于神[⑤]。'用之在于机，显之在于势，成之在于君。故圣王号兵为凶器[⑥]，不得已而用之。今商王知存而不知亡[⑦]，知乐而不知殃。夫存者非存，在于虑亡，乐者非乐，在于虑殃。今王已虑其源，岂忧其流乎？"

注释

①一：事权专一，指挥统一的意思。

②独往独来：行动自由，不受牵制。

③黄帝：即轩辕黄帝，中华民族人文初祖，中国远古时期部落联盟首领。少典之子，本姓公孙，长居姬水，因改姓姬；居轩辕之丘（在今河南新郑西北，有争议），故号轩辕氏；出生、创业和建都于有熊（今河南新郑），故亦称有熊氏；因有土德之瑞，故号黄帝。

④阶于道：阶，阶梯，指逐步通向。道，规律，道理。

⑤几于神：几，接近。神，神妙莫测。

⑥兵：兵器，军事。

⑦商王：即商纣王，子姓，名受或受德，谥帝

辛，为商朝末代君主，古代有名的暴君。

译文

武王问太公说："用兵的原则是怎样的？"

太公回答道："凡是用兵的原则，没有比指挥上的高度统一更重要的了。指挥统一，军队就能独往独来，所向无敌。黄帝说：'上下同心，是用兵之道，做到了就几乎可以达到用兵如神的境界。'运用统一指挥这一原则，关键在于把握时机；把握这一原则，关键在于利用态势；成功地运用这一原则，关键在于君主。所以古代圣王认为兵道是凶器，只有在不得已时才使用它。现在商纣王只知道他的国家存在，而不知道他的国家已面临危亡；只知道纵情享乐，而不知道他已面临祸殃。国家能否长存，不在于眼下是否存在灾祸，而在于能否做到居安思危；君主能否长久享乐，不在于眼前是否享乐，而在于能否做到乐不忘忧。现在您已思虑到安危存亡的根本问题，至于其他枝节问题还有什么好担心的呢？"

武王问曰："两军相遇，彼不可来，此不可往，各设固备，未敢先发，我欲袭之，不得其利，为之奈何？"

太公曰："外乱而内整，示饥而实饱，外钝而内精[①]。一合一离，一聚一散。阴其谋，密其机，高其垒，伏其锐，士寂若无声，敌不知我所备。欲其西，袭其东。"

武王曰："敌知我情，通我谋，为之奈何？"

太公曰："兵胜之术，密察敌人之机，而速乘其利，复疾击其不意[②]。"

注释

①钝：不锋利。引申为疲软、衰弱。

②疾：迅速，急速。

译文

武王问道："两军相遇，敌人不能来进攻我军，我军也无法去攻打敌人，双方都设置坚固的守备，谁都不敢率先发起攻击。我想袭击敌人，又没有有利的条件，该怎么办呢？"

太公回答说："要外表佯装混乱，而实际内部严整；外表假装缺粮，而实际储备充足；表面装作战斗力衰弱，实际战斗力强大。军队布阵或合或离，或聚或散，装作没有纪律以迷惑敌人。隐匿我军的计谋，保守我军的意图，加高巩固壁垒。埋伏精锐，隐蔽肃静，无形无声，使敌人无从知道我方的兵力部署。想要从西边发起攻击，则先从东边进行佯攻。"

武王问道："如果敌人已经知道我军情况，通晓了我方计谋，那该怎么办？"

太公答道："取得作战胜利的方法，在于周密地察明敌情，迅速抓住有利的战机，在出其不意的情况下，迅猛地攻击敌人。"

卷二　武韬

发启

文王在丰[①]，召太公曰："呜呼！商王虐极[②]，罪杀不辜，公尚助予忧民[③]，如何？"

太公曰："王其修德以下贤[④]，惠民以观天道[⑤]。天道无殃，不可先倡；人道无灾[⑥]，不可先谋。必见天殃，又见人灾，乃可以谋。必见其阳，又见其阴，乃知其心；必见其外，又见其内，乃知其意；必见其疏[⑦]，又见其亲，乃知其情。行其道[⑧]，道可致也；从其门[⑨]，门可入也；立其礼[⑩]，礼可成也；争其强，强可胜也。全胜不斗[⑪]，大兵无创[⑫]，与鬼神通。微哉！微哉！与人同病相救，同情相成，同恶相助，同好相趋。故无甲兵而胜[⑬]，无冲机而攻[⑭]，无沟堑而守[⑮]。

注释

①丰：古都邑名，周文王在消灭崇国之后曾迁都于此，在今陕西西安市西南沣河西岸。

②虐：暴虐，残暴。极：非常。

③公尚：指太公。忧：解除忧患。

④下贤：礼遇贤能之士。

⑤天道：自然规律，此处指天命。

⑥人道：指人世间的事或社会政治局面。

⑦疏：疏远。

⑧其道：指吊民伐罪之道。

⑨门：门道，这里指做事情的方法。

⑩礼：指为政治服务的礼仪、法则。

⑪全胜不斗：指不经过战斗而取得全胜。

⑫大兵无创：全军临敌而不受损伤。

⑬甲兵：士兵。

⑭冲机：指用来作战和攻打城池的装备。冲，古代攻城时用的冲车。机，弓弩上用来发射的机关装置。

⑮沟堑：指水很深的护城河。

译文

周文王在丰地召见太公，对他说："唉！商纣王暴虐到了极点，任意屠杀无辜之人，请您辅助我来解除民众的忧愁，您看该怎么办？"

太公答道："君主应修养德性，礼贤下士，施恩于民众，以观察天道的吉凶。当天道还没有灾害征兆时，不可先倡导征伐。当人道没有出现祸乱时，不可先谋划兴师。必须看到既出现了天灾，又发生了人祸，才可以谋划兴师征伐；既看到他的公开言行，又了解他的秘密活动，才能知道他的真实想法；既看到他的外在表现，又了解他的内心想法，才能知道他的真实意图；既看到他疏远什么人，又了解他亲近什么人，才能知道他的真实情感。实行吊民伐罪之道，政治理想就可以实现；遵循正确的方略，统一天下的目的就可以达到；建立恰当的制度，礼制就一定能获得规范；确立强大的优势地位，就可以战胜强大的敌人。取得全胜而不经过战斗，以大军临敌而没有伤亡，真可谓是用兵如神了。微妙啊！微妙啊！能与人同疾苦而相互救援，同意愿而相互保全，同憎恶而相互帮助，同爱好而有共同追求。这样，即使没有军队也能取得胜利，没有冲车机弩也能攻打城池，没有沟垒也能防守城池。

“大智不智，大谋不谋，大勇不勇，大利不利。利天下者，天下启之[①]；害天下者，天下闭之[②]。天下者，非一人之天下，乃天下之天下也。取天下者，若逐野鹿，而天下皆有分肉之心。若同舟而济，济则皆同其利，败则皆同其害。然则皆有以启之，无有闭之也。无取于民者，取民者也；无取于国者，取国者也；无取于天下者，取天下者也。无取民者，民利之；无取国者，国利之；无取天下者，天下利之，故道在不可见，事在不可闻，胜在不可知。微哉！微哉！鸷鸟将击[③]，卑飞敛翼[④]；猛兽将搏，弭耳俯伏[⑤]；圣人将动，必有愚色[⑥]。今彼殷商，众口相惑，纷纷渺渺[⑦]，好色无极[⑧]，此亡国之征也。吾观其野，草菅胜谷[⑨]；吾观其众，邪曲胜直[⑩]；吾观其吏，暴虐残贼。败法乱刑，上下不觉，此亡国之时也。大明发而万物皆照[11]，大义发而万物皆利[12]，大兵发而万物皆服。大哉！圣人之德，独闻独见，乐哉！”

注释

①启：开启，打开。此处可理解为敞开胸怀，竭诚欢迎。

②闭：关闭，封闭。此处可理解为拒绝、反对。

③鸷鸟：鹰、雕之类凶猛的飞禽。

④卑飞：低飞。

⑤弭耳：把翘起的耳朵平贴起来，以示温驯、服从。

⑥愚色：愚钝、笨拙的样子。

⑦纷纷：纷杂混乱的样子。渺渺：无穷无际，没有止境。

⑧无极：没有止境。

⑨草菅jiān：野草。

⑩邪：邪恶。曲：偏邪，不正直。

⑪大明：阳光。

⑫大义：光明正大的义举。

译文

“真正有智慧之人不会显现出智慧，真正有谋略之人不会显现出谋略，真正勇敢之人不会显现出勇敢；真正能谋取大利益之人，往往不会显现出利益。为天下人谋利益的，天下人都支持他；使天下人都受害的，天下人都摒弃他。天下不是一个人的天下，而是天下所有人的天下。夺取天下的情形，就像打猎追逐野鹿，天下所有人都有分享鹿肉的欲望。就像同坐一条船渡河，渡河成功，大家都会受益；失败了，大家都遭受损害。这样做，天下人就都欢迎他，而不会反对他了。不从民众那里掠夺利益，却能够从民众那里得到利益；不从别国那里掠取利益，却能够从别国那里获得利益；不掠夺天下利益，却能够从天下获取利益。不掠取民众利益，民众拥护他，这是民众给予他利益；不掠取别国利益，别国归附他，这是别国给予他利益；不掠夺天下利益，天下拥护他，这是天下给予他利益。所以，筹划谋略在于使人看不见，实施谋略在于使人听不到，谋划成功在于使人不可知。真是微妙啊！微妙啊！鸷鸟将要发起袭击时，必先收起翅膀低飞；猛兽将要搏击时，必先贴耳伏地；圣贤将要行动时，必先向人表示自己的愚蠢迟钝。现在的商朝，谣言四起，社会动乱不已，而纣王依然荒淫无度，这是国家覆亡的征兆。我观察他们的田地里，野草盖过了禾苗；我观察他们的民众，奸邪之徒超过了忠直之士；我观察他们的官吏，暴虐残酷，违法乱纪。面对这种局面，他们朝廷上下依然执迷不悟。这是到了该灭亡的时候了。旭日当空则天下万物都能沐浴阳光，正义所至则天下万物都能得到利益，大军兴起则天下万物都会欣然归附。伟大啊！圣人的德化，独到的见解，无人能及，这其中乐趣无穷啊！”

文启

文王问太公曰："圣人何守？"

太公曰："何忧何啬[①]，万物皆得；何啬何忧，万物皆遒[②]，政之所施，莫知其化；时之所在，莫知其移。圣人守此而万物化，何穷之有，终而复始。优之游之[③]，展转求之；求而得之，不可不藏；既以藏之，不可不行；既以行之，勿复明之。夫天地不自明，故能长生；圣人不自明，故能明彰[④]。古之圣人，聚人而为家，聚家而为国，聚国而为天下，分封贤人以为万国，命之曰大纪[⑤]。陈其政教，顺其民俗，群曲化直[⑥]，变于形容[⑦]。万国不通[⑧]，各乐其所，人爱其上，命之曰大定[⑨]。呜呼！圣人务静之，贤人务正之。愚人不能正，故与人争。上劳则刑繁，刑繁则民忧，民忧则流亡。上下不安其生，累世不休，命之曰大失[⑩]。天下之人如流水，障之则止，启之则行，动之则浊，静之则清。呜呼，神哉！圣人见其所始，则知其所终。"

注释

①何忧何啬：既不忧虑什么，也不制止什么，一切任其自然，无为而治的意思。啬，阻塞、制止。

②遒qiú：强劲，此处指繁荣滋长。

③优之游之：从容不迫、悠然自得的样子。

④彰：显著、明显。

⑤纪：准则、法度。

⑥曲：邪僻、不公正。

⑦变于形容：移风易俗。变，改变。形容，指旧的不好的习气。

⑧通：即“同”，此处是来往、交流的意思。

⑨定：稳定、安定。

⑩大失：最大的失误。

译文

文王问太公说：“圣人治理天下应遵循什么原则？”

太公答道：“既不忧虑什么，也不制止什么，天下万物就能各得其所；不去制止什么，也不去忧虑什么，天下万物就会繁荣滋长。政令的推行，要使民众在不知不觉中受到教化，就像时间在不知不觉中自然推移那样。圣人遵循这一原则，则天下万物就会潜移默化，周而复始，永无穷尽。这种从容悠闲无为而治的政治，君主必须反复探求。既已探求到了，就不可不牢记于心中；既已牢记于心中，就不可不贯彻执行；既已贯彻执行，就不必将其中的奥秘明告世人。天地不刻意显示自己的规律，而万物自会按其规律生长；圣人不炫耀自己的英明，而功名自能辉煌彰显。古代圣人把人们聚集起来组成家庭，把许多家庭聚集起来组成国家，把许多国家聚集起来组成天下。分封贤人为各国诸侯，把这一切称作治理国家的纲纪。宣传弘扬教化，顺应风俗民情，把邪僻转化为正直，移风易俗，各国的习俗虽然不同，但能使民众安居乐业，人人尊敬爱戴君主，这就叫作天下大定。唉！圣人致力于清静无为，贤君致力于端正身心，愚昧的君主不能端正身心，所以会与民众抗争。君主政令烦多，就会导致刑罚繁重而苛刻，刑罚繁重而苛刻就会导致民众忧惧；民众忧惧，就会流散逃亡。上下不安生业，社会长期动乱不休，这就叫作政治大失。天下人心的向背如同流水，阻塞它就停止，开放它就流动，搅动它就会污浊，使它安静就清澈。唉！真是神妙啊！只有圣人才能看到它的萌芽，并进而推断出它的结果。”

文王曰：“静之奈何[①]？”

太公曰：“天有常形[②]，民有常生[③]。与天下共其生，而天下静矣。太上因之[④]，其次化之。夫民化而从政，是以天无为而成事，民无与而自富，此圣人之德也。”

文王曰：“公言乃协予怀[⑤]，夙夜念之不忘，以用为常[⑥]。”

注释

①静：使动用法，使……安静祥和。

②常形：指春生、夏长、秋收、冬藏等四时变化的经常性现象，此处引申为自然运行的常规。

③常生：基本的、经常性的生计活动，此处引申

为固定的生活规律。

④太上：最上。因：因袭、沿袭。

⑤协：协调、符合之义。

⑥常：常规，基本原则。

译文

文王问："怎样才能使天下安静祥和呢？"

太公答道："上天有一定的变化规律，民众有固定的生活规律。君主能同民众共安生业，天下就会安静祥和。所以说最好的政治是顺应民心进行治理，其次是宣扬政教以感化民众。民众被感化就会服从政令。所以，上天清静无为而能生长万物，民众无需施舍就能丰衣足食，这就是圣人的德治。"

文王说："您的话深合我意，我将日思夜念，时刻不忘，把它作为治理天下的常规。"

文伐

文王问太公曰："文伐之法奈何[1]？"

太公曰："凡文伐有十二节[2]：一曰，因其所喜，以顺其志，彼将生骄，必有奸事[3]。苟能因之，必能去之；二曰，亲其所爱，以分其威。一人两心，其中必衰[4]。廷无忠臣，社稷必危；三曰，阴赂左右，得情甚深，身内情外[5]，国将生害；四曰，辅其淫乐[6]，以广其志[7]，厚赂珠玉，娱以美人。卑辞委听[8]，顺命而合[9]。彼将不争，奸节乃定[10]；五曰，严其忠臣[11]，而薄其赂。稽留其使[12]，勿听其事。亟为置代[13]，遗以诚事。亲而信之，其君将复合之。苟能严之，国乃可谋；六曰，收其内，间其外，才臣外相[14]，敌国内侵，国鲜不亡；七曰，欲锢其心，必厚赂之，收其左右忠爱，阴示以利，令之轻业，而蓄积空虚；八曰，赂以重宝，因与之谋，谋而利之，利之必信，是谓重亲[15]，重亲之积，必为我用，有国而外，其地大败；九曰，尊之以名，无难其身，示以大势，从之必信。致其大尊，先为之荣，微饰圣人，国乃大偷[16]；十曰，下之必信，以得其情。承意应事，如与同生。既以得之，乃微收之。时及将至，若天丧之；十一曰，塞之以道[17]，人臣无不重贵与富，恶死与咎[18]，阴示大尊，而微输重宝，收其豪杰。内积甚厚，而外为乏。阴纳智士，使图其计[19]。纳勇士，使高其气。富贵甚足，而常有繁滋[20]，徒党已具[21]，是谓塞之。有国而塞，安能有国？十二曰，养其乱臣以迷之，进美女淫声以惑之，遗良犬马以劳之，时与大势以诱之，上察而与天下图之。十二节备，乃成武事。所谓上察天，下察地，征已见，乃伐之。”

注释

①文伐：指用非军事手段打击敌人。

②节：项。

③奸：底本作“好”，疑误，今据他本校改。

④中：通“忠”，忠信。

⑤身内情外：身在此国，而内心却向着敌方。

⑥淫乐：无节制地享乐。

⑦广：通“旷”，荒废。

⑧委听：曲意听从命令。

⑨顺命而合：指顺从敌人的心意。

⑩奸节乃定：指邪恶行为一定会发展下去。

⑪严：通“掩”，遮掩。

⑫稽留：拖延时间。

⑬亟：赶快。置代：找人代办。

⑭相：帮助，辅助。

⑮重亲：更加亲近。

⑯国乃大偷：国事懈怠以致废弛。偷，苟且自安。

⑰塞：阻塞。

⑱咎 jiù：祸患，灾祸。

⑲图：图谋、谋划。

⑳繁滋：滋长。

㉑徒党：同党之人。

译文

文王问太公说："如何使用非军事手段打击敌人呢？"

太公答道："使用非军事手段打击敌人的方法有十二种：一是，依照敌人的喜好，顺从他的意愿。这样，他就会滋长骄傲情绪，而肯定会去做邪恶的事情。如果我方再因势利导，就必定能把他除掉；二是，亲近拉拢敌国君主的宠臣，以分化敌国的力量。敌国宠臣如怀有二心，必然降低忠诚程度。敌国朝中没有忠臣，他的国家必定面临危亡；三是，暗中贿赂敌国君主身边的大臣，和他建立深厚交情。这些人身居国内而心向外国，敌国就必将发生祸患；四是，助长敌国君主的放纵享乐，扩大他的荒淫欲望，用大量珠宝贿赂他，赠送美女供他娱乐享受。言辞卑下，曲意听从，顺从他的命令，迎合他的心意。这样，他就忘记与我斗争，而放肆地发展自己的邪恶行为了；五是，故意为难敌国的忠臣，只送给他微薄的礼物，他前来出使交涉时，故意加以拖延，而对所交涉的问题不予答复。极力促使敌国君主改派使者，然后再诚心解决所交涉的问题，向新派的使者表示亲近以取得信任，从而使敌国君主以后都派遣这样的人来出使交涉。假如用不同的态度对待敌国的忠臣和奸佞，就能够离间敌国君臣之间的关系，从而可以谋取敌国了；六是，收买敌国君主朝内的大臣，离间敌国君主在朝外的将领，使其有才干的大臣里通外国，造成敌国内部自相混乱，这样敌国就很少有不灭亡的；七是，要使敌国君主对我深信不疑，就必须赠送大量礼物加以贿赂，同时收买其左右亲近大臣，暗中给他们好处，使其君臣忽视生产，造成财粮匮乏，积蓄亏空；八是，用贵重的财宝贿赂敌国君主，进而乘机与他同谋别国，此图谋又对他有利。他得到利益后必然信任我们，这就密切了敌国与我的关系。关系密切到一定程度，敌国就必然会被我所利用。其君主虽掌控国家而被外国利用，最终必然国土大失；九是，用煊赫的名号尊崇他，不让他身临危难，让他感觉自己势倾天下，顺从他的意志以博取他的信任。使他居于至高无上的地位，先夸耀他的功绩，再恭维他德比圣人，这样他必然会狂妄自大而荒废政事了；十是，对敌国君主假意卑微屈从来获得他的信任，从而获知他的内情。秉承他的意志，顺从他的要求，就像兄弟一般亲密。获得他的信任之后，就可以微妙地加以控制利用。一旦时机成熟，就可有如神助般轻而易举将之消灭；十一是，用各种方法闭塞敌国君主的视听，凡是臣民没有不爱好富贵，厌恶死亡和灾祸的。私下许诺尊贵的官位，秘密赠送大量财宝，来收买敌国的英雄豪杰。自己国内积蓄充实，外表却装作贫乏。暗中收纳敌国的智谋之士，使之与我方图谋大计；秘密结交敌国勇士，借以提高我方士气。要尽量满足这些人取得富贵的欲望，并使之不断滋长蔓延。这样，敌国的豪杰、智士就转而为我所用，成为我方的党徒。这就叫闭塞敌国君主的视听。敌国君主虽然还拥有国家，但视听已被闭塞，还怎么能维持他的统治呢？十二是，扶植敌国的奸臣以迷乱其君主的心智；进献美女淫乐以迷惑其君主的意志；送给他良犬骏马以使其沉溺于田猎而身体疲惫；经常报以有利的形势以使他高枕无忧。然后观察有利的时机，而与天下人共谋夺取他的国家。以上十二种方法正确运用之后，就可以采取军事行动了。这就是所谓上察天时，下观地利，等到各种有利的征兆都已显现时，就可以兴兵讨伐敌国了。”

顺启

文王问太公曰："何如而可为天下①？"

太公曰："大盖天下②，然后能容天下；信盖天下，然后能约天下③；仁盖天下，然后能怀天下④；恩盖天下，然后能保天下；权盖天下，然后能不失天下；事而不疑，则天运不能移，时变不能迁。此六者备，然后可以为天下政。故利天下者，天下启之；害天下者，天下闭之；生天下者，天下德之；杀天下者，天下贼之⑤；彻天下者⑥，天下通之；穷天下者，天下仇之；安天下者，天下恃之；危天下者，天下灾之⑦。天下者，非一人之天下，惟有道者处之。"

注释

①为：治理。

②大盖天下：指器量之大可以包容天下。盖，覆盖，包容。

③约：约束，控制。

④怀：安抚，赢得。

⑤贼：杀害，毁坏。

⑥彻：通达。

⑦灾之：视之如灾星。

译文

文王问太公道："怎样才能治理好天下呢？"

太公回答说："器量覆盖过天下，然后才能包容天下；诚信覆盖过天下，然后才能约束天下；仁爱覆盖过天下，然后才能安抚天下；恩惠覆盖过天下，然后才能保有天下；权势覆盖过天下，然后才能不失天下；遇事果断毫不犹疑，就像天体运行那样不能改变，像四时更替那样不可更改。这六个条件都具备了，然后就可以治理好天下。所以为天下人谋利益的，天下人就欢迎他；使天下人受祸害的，天下人就反对他；能使天下人生存繁衍的，天下人就感激他；使天下人遭到杀戮的，天下人就仇视他；对天下人通达的，天下人就归附他；造成天下人贫困的，天下人就憎恶他；使天下人安居乐业的，天下人就把他当作依靠；给天下人带来危难的，天下人就把他看成灾星。天下不是一个人的天下，只有道德高尚的人，才能占有治理天下的君主位置。"

三疑

武王问太公曰[①]："予欲立功，有三疑：恐力不能攻强、离亲、散众[②]，为之奈何？"

太公曰："因之[③]，慎谋，用财。夫攻强，必养之使强[④]，益之使张[⑤]，太强必折，太张必缺。攻强以强，离亲以亲，散众以众。凡谋之道，周密为宝。设之以事，玩之以利[⑥]，争心必起。欲离其亲，因其所爱；与其宠人，与之所欲，示之所利。因以疏之，无使得志。彼贪利甚喜，遗疑乃止[⑦]。凡攻之道，必先塞其明，而后攻其强，毁其大[⑧]，除民之害。淫之以色，啖之以利[⑨]，养之以味，娱之以乐。既离其亲，必使远民，勿使知谋，扶而纳之[⑩]，莫觉其意，然后可成。惠施于民，必无忧财，民如牛马，数馁食之[⑪]，从而爱之。心以启智，智以启财，财以启众，众以启贤。贤之有启，以王天下。"

注释

①武王：一作"文王"。

②离亲：离间敌国的君臣。散众：分化瓦解敌国的军队。

③因之：指因势利导。因，利用，顺应。

④养：供养。

⑤益：更加。张：嚣张，此处比喻骄傲自满、猖狂自大。

⑥玩之以利：用利益诱惑。

⑦遗疑：残存的疑虑。

⑧大：此处指庞大的国家机器。

⑨啖dàn：吃，这里是引诱的意思。

⑩扶而纳之：指用各种手段引诱敌人落入我方圈套。

⑪数shuò：多次，屡次。馁něi：喂养。

译文

武王问太公说："我想建功立业，但有三点疑虑：害怕自己的力量不足以进攻强敌，害怕不能离间敌国君臣，害怕不能瓦解敌国的军队。您看该怎么办呢？"

太公回答说："首先是因势利导，其次是谨慎谋划，再次是使用钱财。进攻强敌，一定要怂恿他，使其恃强骄横；放任他，使其猖狂自大。敌人过于强横，必遭挫折；过于狂妄，必致失误。要进攻强大的敌人，必先助长它的强暴；要离间敌国君臣关系，必先收买敌国国君的心腹；要瓦解敌人的军队，必先争取敌国的人心。使用计谋，以周密最为重要。许诺给敌人一些好处，给予敌人一些利益，敌人内部必然发生争夺。要想离间敌国君臣，应借助他们珍爱的事物。结交他所宠信的人，送给他所想得到的东西，许给他丰厚的利益。借此使他们互相疏远，让他们不能有所作为。他们因为得到我方给予的好处而非常高兴，就不会对我们的图谋再产生疑虑了。一般进攻强大敌人的方法是，首先蒙蔽敌国君主的耳目，然后再进攻他强大的军队，摧毁他庞大的国家，以解除民众的痛苦。而蒙蔽敌国君主耳目的方法是：用女色诱惑他，用厚利引诱他，用美味娇养他，用淫乐迷乱他。既已离间了敌国君臣关系，还须使他疏远自己的民众。不要让他识破我们的计谋，引诱他进入我们的圈套，而未能觉察我们的意图，然后就可以成就大事了。恩惠施于民众，不要吝惜财物。民众如同牛马，经常喂养他们，他们就会顺从和亲近。心灵产生智慧，智慧产生财富，财富可以养育民众，民众中会涌现贤才。大批贤才涌现，就可以辅佐君主统治天下了。”

卷三 龙韬

王翼

武王问太公曰："王者帅师，必有股肱羽翼[①]，以成威神，为之奈何？"

太公曰："凡举兵帅师，以将为命[②]，命在通达，不守一术。因能受职[③]，各取所长，随时变化，以为纲纪。故将有股肱羽翼七十二人，以应天道[④]。备数如法，审知命理[⑤]，殊能异技，万事毕矣。"

注释

①股肱gōng羽翼：比喻辅佐帝王的得力大臣。股，大腿。肱，手臂从肘到腕的部分。羽翼，翅膀。

②命：指全军的命脉所在。

③受：通"授"，授予的意思。

④天道：大自然运行的规律。古代以五日为一候，三候为一节气，将一年分为二十四节气、七十二候。根据自然现象变化的征候，说明节气、候的变化，这是所谓的天道之一，此处即指以七十二人应七十二候。

⑤审：谨慎，慎重。命理：做将帅的道理。

译文

武王问太公说："君主统率军队，必须有得力的辅佐之人，以造就非凡的威势，怎么才能办到呢？"

太公回答说："凡举兵统帅军队，都以将帅掌握军队的命运。要掌握好全军的命运，最重要的是通晓和明了各方面情况，而不拘泥一种方法。因此，应根据他们的才能授予职权，用其所长，随着时局的变化而变化，并使其成为一项制度。所以将帅需要的辅佐人员应有七十二人，以便顺应天时的运转变化来应对各种情况。按照这种方法为主将设置助手，谨慎地把握天时和做将帅的道理，充分发挥他们的特殊才能和奇异本领，这样就万事俱备了。"

武王曰："请问其目[①]？"

太公曰："腹心一人[②]，主赞谋应卒[③]，揆天消变[④]，总揽计谋，保全民命；谋士五人，主图安危，虑未萌，论行能，明赏罚，授官位，决嫌疑，定可否；天文三人，主司星历[⑤]，候风气[⑥]，推时日，考符验[⑦]，校灾异，知天心去就之机[⑧]；地利三人，主三军行止形势[⑨]，利害消息[⑩]，远近险易，水涸山阻，不失地利；兵法九人，主讲论异同，行事成败，简练兵器[⑪]，刺举非法[⑫]；通粮四人，主度饮食，备蓄积，通粮道，致五谷，令三军不困乏；奋威四人，主择材力[⑬]，论兵革[⑭]，风驰电掣[⑮]，不知所由；伏旗鼓三人[⑯]，主伏旗鼓，明耳目，诡符节[⑰]，谬号令，闇忽往来[18]，出入若神；股肱四人，主任重持难，修沟堑，治壁垒，以备守御；通材三人，主拾遗补过[19]，应偶宾客，议论谈语，消患解结；权士三人，主行奇谲[20]，设殊异，非人所识，行无穷之变；耳目七人，主往来，听言视变，览四方之事，军中之情；爪牙五人，主扬威武，激励三军，使冒难攻锐[21]，无所疑虑；羽翼四人，主扬名誉，震远方，摇动四境，以弱敌心；游士八人，主伺奸候变[22]，开阖人情[23]，观敌之意，以为间谍；术士二人[24]，主为谲诈，依托鬼神，以惑众心；方士二人[25]，主百药，以治金疮，以痊万病；法算二人[26]，主计会三军营壁、粮食、财用出入。”

注释

①目：纲目，条目。

②腹心：心腹的意思，比喻亲信大臣。

③卒cù：同“猝”，突然。此处指突然发生的事变。

④揆天：考察天象，窥知天意。揆，测度、考察。变：灾变。

⑤星历：星象历法。历法与天文有关，所以星历并称。

⑥候风气：观测风向及时气的变化。候，侦察、观测。

⑦符验：指天降的祥瑞与人事符合应验。古时祥瑞现象出现，会被认为是上天对君王的行为和政令的赞成或表彰。

⑧天心去就：意为人心向背。天心，天意、人

心。去就，远离和靠近，引申为向背。机：机要、时机。

⑨行止：行动。形势：地形地势。

⑩消息：此处指形势的变化。

⑪简练：选拔训练。

⑫刺举：刺探检举。

⑬材力：指具有勇力的才士。

⑭论：同“抡”，收集、分类之义。兵革：武器装备。

⑮风驰电掣：形容非常迅速，像风吹电闪一样。驰，奔跑。掣，闪过。

⑯伏：掌管。

⑰符节：古代传达命令或征用军队的凭证。

⑱阘忽：较隐蔽地迅速行动。

⑲拾遗：拾取他人遗落的东西，此处指陈、纠正帝王的过失。

⑳奇谲jué：奇谋权谲，诡诈。

㉑冒难：迎着困难。

㉒伺：探察。

㉓开阖hé：开启和关闭。阖，关闭。

㉔术士：以巫鬼之道推测人事吉凶祸福的人。

㉕方士：行医之人。

㉖法算：古代军队中掌管会计之事的人。

译文

武王问：“请问具体的配备是怎样的？”

太公回答说：“心腹一人，主管参赞谋划及应对突然事变，观测天象以便消除祸患，总揽军政大计，保全民众生命；谋士五人，主管筹划安危大事，预测形势的发展变化，品评将士的品德才能，保证赏罚分明，授予官职，决断疑难问题，辅佐主将裁定计划是否可行；天文三人，主管天文历法，测度风向气候，推算时日吉凶，考察祥瑞征兆的验明，核查灾异现象，观察人心向背的时机；地利三人，主管审察军队行军和驻扎的地形地势，分析利弊得失的变化，观察道路远近，地形险峻与平坦，江河水情和山势险阻等，确保军队作战不失地利；兵法九人，主管探讨敌我形势的异同，分析作战胜负的可能性，检查点验作战兵器，检举揭发各种违法行为；通粮四人，主管筹划给养，筹备粮草，保证粮道畅通，征集军需粮秣，确保军队供给不发生困难；奋威四人，主管选拔有才能的勇士，将优良的武器装备分门别类配备好，组织突击队伍风驰电掣般行动，使敌方不能掌握我军行动的踪迹；伏鼓旗三人，主管军队的旗鼓，明确视听信号，制造假符节，发布假命令以迷惑敌人，暗地里派遣军队迅速行动，神出鬼没地出入敌营；股肱四人，担当重任，扶持危难局面，挖掘沟堑，构筑壁垒，使防御工事固若金汤；通材三人，主管检查缺漏之处以弥补将帅的过失，接待宾客，讨论谈判，消除祸患，排解纠纷；权士三人，主管实施诡诈奇谋，设置绝术异技，不让敌人识破，进行无穷变化；耳目七人，主管打探外界消息，审时度势，掌握天下形势，了解敌军情况；爪牙五人，主管振奋我军军威，激励三军斗志，使他们敢于冒险犯难，攻坚摧锐而无所疑惧；羽翼四人，主管宣扬我军威名声誉，以震骇远方、动摇邻国，削弱敌军斗志；游士八人，主管审察敌方奸佞，等待敌国变乱，操纵敌国民心，观察敌人意图，进行间谍活动；术士二人，主管使用诡诈，借助鬼神，迷惑敌军士众；方士二人，主管各种药物，治疗兵器创伤，医治疾病；法算二人，主管计算军队营垒、粮食和财用的收支情况。”

论将

武王问太公曰："论将之道奈何？"

太公曰："将有五材十过[①]。"

武王曰："敢问其目？"

太公曰："所谓五材者：勇、智、仁、信、忠也。勇则不可犯，智则不可乱，仁则爱人，信则不欺，忠则无二心。"

注释

①材：指优秀的品质。过：缺点，不良的品质。

译文

武王问太公说："评议将帅的原则是什么？"

太公回答说："将帅应具备五种美德，避免十种缺点。"

武王说："请问它的具体内容是什么？"

太公说："所谓将帅的五种美德是：勇敢、明智、仁爱、诚信和忠贞。勇敢就不会被侵犯，明智就不会被扰乱，仁爱就会爱护士卒，诚信就不会欺骗别人，忠贞就不会对君主怀有二心。"

"所谓十过者：有勇而轻死者，有急而心速

者[1]，有贪而好利者，有仁而不忍人者[2]，有智而心怯者，有信而喜信人者，有廉洁而不爱人者[3]，有智而心缓者[4]，有刚毅而自用者，有懦而喜任人者。勇而轻死者，可暴也[5]；急而心速者，可久也；贪而好利者，可遗也；仁而不忍人者，可劳也；智而心怯者，可窘也[6]；信而喜信人者，可诳也[7]；廉洁而不爱人者，可侮也[8]；智而心缓者，可袭也；刚毅而自用者[9]，可事也；懦而喜任人者[10]，可欺也。”

注释

①心速：心情急切，此处指考虑事情时情绪急躁而不周详。

②不忍人：不忍心伤害别人。此处指对军中各种违纪行为姑息放任。

③不爱人：指将帅为保持自身廉洁，对部属过于苛严，不能给予士兵物质上的优厚待遇。

④心缓：思考问题时迟缓、犹疑。

⑤暴：暴躁易怒。

⑥窘：困迫，束手无策。

⑦诳：诳骗、欺骗。

⑧侮：轻慢、怠慢。

⑨自用：刚愎自用。

⑩任：依赖。

译文

“所谓十种缺点是：勇敢而轻于赴死，性情急躁而急于求成，秉性贪婪而好利，仁慈而流于姑息，智谋过人而胆小怕事，诚信而轻信别人，廉洁而不爱护他人，多谋而优柔寡断，坚毅而刚愎自用，懦弱而听凭别人。勇敢而轻死的，可以激怒他；急躁而急于求成的，可以拖延时间而拖垮他；贪婪而好利的，可以贿赂他；仁慈而流于姑息的，可以骚扰他使其疲惫；聪明而胆小怕事的，可以胁迫他；诚信而轻信别人的，可以欺骗他；廉洁而刻薄的，可以侮辱他；多谋而寡断的，可以突袭他；坚毅而刚愎自用的，可以利用他；懦弱而听凭别人的，可以愚弄他。”

“故兵者，国之大事，存亡之道，命在于将。将者，国之辅，先王之所重也。故置将不可不察也。故曰，兵不两胜，亦不两败。兵出逾境，期不十日，不有亡国，必有破军杀将。”

武王曰：“善哉！”

译文

“所以用兵作战，是国家的大事，它关系着国家的存亡，而国家的命运又掌握在将帅手里。将帅，是国家的辅佐，也是先王所重视的。因此任命将帅不可不认真审察。所以说，交战的双方不可能都取得胜利，也不可能都遭到失败。只要军队越出国境，不出十天，不是一方亡国，就必然是另一方兵败将亡。”

武王说：“说得好啊！”

选将

武王问太公曰："王者举兵，欲简练英雄[①]，知士之高下，为之奈何？"

太公曰："夫士外貌不与中情相应者十五[②]：有贤而不肖者，有温良而为盗者，有貌恭敬而心慢者，有外廉谨而内无至诚者，有精精而无情者[③]，有湛湛而无诚者[④]，有发好谋而不决者，有如果敢而不能者，有悾悾而不信者[⑤]，有恍恍惚惚而反忠实者[⑥]，有诡激而有功效者[⑦]，有外勇而内怯者，有肃肃而反易人者[⑧]，有嗃嗃而反静悫者[⑨]，有势虚形劣而外出无所不至、无所不遂者[⑩]。天下所贱，圣人所贵，凡人莫知，非有大明，不见其际，此士之外貌不与中情相应者也。"

注释

①简练：选拔训练。

②中情：内情，内心。

③精精：精明强干。

④湛湛：浓重、厚重的样子，可引申为为人敦厚。

⑤悾kōng悾：诚恳真挚的样子。

⑥恍恍惚惚：神志不清，精神恍惚。此处可理解为犹豫动摇。

⑦诡激：指言行怪异激烈。

⑧肃肃：严正的样子。

⑨嗃hè嗃：严厉、冷酷的样子。悫què：诚实，淳朴。

⑩遂：完成，达成。

译文

武王问太公说："君王起兵兴师，要选拔智勇兼备之人担任将帅，想知道他德才的高低，应该怎么办？"

太公答道："士人外表和他的内情不相符合的情况有十五种：有的外表贤明而内实不肖，有的貌似善良而实为盗贼，有的外似恭敬而实则傲慢，有的貌似谦谨而内心不真诚，有的看似精干而实无才学，有的表面厚道而内不诚实，有的外多智谋而内无决断能力，有的外似果断而实无作为，有的外表老实而实无信用，有的外表动摇而实则忠诚，有的言行过激而办事却有成效，有的外似勇敢而实则胆怯，有的外表严肃而实则平易近人，有的外表严厉而内心温和淳朴，有的外表虚弱形貌丑陋却能受命出使无所不至、办事无所不成。被普通人所轻视的，却往往被圣人所器重。一般人不能了解，没有高明的见识，是不能看清其中奥秘的。这就是士的外表和他的内情不相一致的种种情况。"

武王曰："何以知之？"

太公曰："知之有八征[①]：一曰问之以言，以观其辞；二曰穷之以辞，以观其变；三曰与之间谍，以观其诚；四曰明白显问，以观其德；五曰使之以财，以观其廉；六曰试之以色，以观其贞；七曰告之以难，以观其勇；八曰醉之以酒，以观其态。八征皆备，则贤不肖别矣。”

注释

①征：征兆，征验。

译文

武王问：“用什么办法才能真正了解他们呢？”

太公说：“要了解他们，有八种方法：一是提出问题，看他是否解释得清楚；二是追根问底，考验他的应变能力；三是派人暗中考察，看他是否忠诚；四是明知故问，看他有无隐瞒，借以考察他的品德；五是让他管理财物，考验他是否廉洁；六是用女色进行试探，看他是否有操守；七是告知其危难，看他是否勇敢；八是使他醉酒，看他是否保持常态。这八种方法运用之后，一个人是贤还是不肖，就可以分辨清楚了。”

立将

武王问太公曰："立将之道奈何？"

太公曰："凡国有难[①]，君避正殿[②]，召将而诏之曰：'社稷安危，一在将军，今某国不臣[③]，愿将军帅师应之。将既受命，乃命太史卜，斋三日，之太庙[④]，钻灵龟[⑤]，卜吉日，以授斧钺[⑥]。君入庙门，西面而立；将入庙门，北面而立。君亲操钺，持首，授将其柄，曰：'从此上至天者，将军制之。'复操斧，持柄，授将其刃，曰：'从此下至渊者，将军制之。见其虚则进，见其实则止，勿以三军为众而轻敌，勿以受命为重而必死，勿以身贵而贱人，勿以独见而违众，勿以辩说为必然。士未坐勿坐，士未食勿食，寒暑必同。如此，则士众必尽死力。'

注释

①难nàn：困难、灾祸。

②正殿：宫殿或庙宇里位置处于中间的主殿，是君主朝会百官的地方。凡有灾变或者大难，君主就在偏殿处理政务，称作避正殿。

③不臣：不臣服。

④太庙：帝王的祖庙。

⑤钻灵龟：即用龟甲占卜。在商周时每遇重大事情，总要求神问卜。方法是用烧红的小铜棍炙

烙龟甲或兽骨，观察骨甲的裂痕以判断吉凶。

⑥斧钺yuè：古代酷刑的一种，用斧钺劈开头颅，使人致死。在上古也是作战的兵器，而且是军权和国家统治权的象征。斧，斧头。钺，阔刃的斧。

译文

武王问太公说：“任命将帅的仪式是怎样的？”

太公回答道：“凡国家遭遇危难，君主就避开正殿，在偏殿上召见主将，向他下达诏令说：‘国家的安危，全系于将军身上。现在某国反叛，请将军统率大军前去征伐。’主将接受命令后，国君就令太史占卜，斋戒三天，前往太庙，钻炙龟甲，选择吉日，向将帅颁授斧钺。到了吉日，国君进入太庙，面向西站立；主将随之进入太庙，面向北站立。国君亲自拿着钺的上部，把钺柄交给主将，宣告：‘从此，军中上至于天的一切事务全由将军处置。’然后又亲自拿着斧柄，将斧刃授予主将，宣告：‘自此，军中下至于渊的一切事务全由将军裁决。见到敌人虚弱就前进，见到敌人强大就停止，不要认为我军众多就轻敌，不要因为任务重大就拼死，不要因为身份尊贵就轻视部下，不要固执己见而违背众意，不要由于能言善辩而自以为是。士卒没坐下，你不要先坐下；士卒还没进餐，你不要先进餐。冷暖甘苦都要与士卒相同。这样，士卒就会拼死作战。’

“将已受命，拜而报君曰：‘臣闻国不可从外治，军不可从中御[①]。二心不可以事君[②]，疑志不可以应敌[③]。臣既受命，专斧钺之威，臣不敢生还。愿君亦垂一言之命于臣[④]。君不许臣，臣不敢将。’君许之，乃辞而行。军中之事，不闻君命，皆由将出。临敌决战，无有二心。若此，则无天于上，无地于下，无敌于前，无君于后。是故智者为之谋，勇者为之斗，气厉青云，疾若驰骛[⑤]，兵不接刃，而敌降服。战胜于外，功立于内，吏迁士赏，百姓欢悦，将无咎殃。是故风雨时节，五谷丰熟，社稷安宁。”

武王曰：“善哉！”

注释

①中：指君主。御：控制、驾驭。

②二心：怀有异心，不忠心耿耿。

③疑志：志存疑虑，犹豫不决。

④垂：赐。

⑤驰骛wù：奔驰的骏马。驰，车马疾驰。骛，交驰、迅急。

译文

“主将接受任命后，向君主跪拜并回答说：‘我听说国事不可受外部的干预，作战不能由君主在朝廷遥控指挥。臣怀二心就不能忠心侍奉君主，将帅受君主牵制而顾虑重重就不能专心一意去对付敌人。我既已受命执掌军事大权，不获胜利不敢生还。请您允许我按照上面的话全权处置一切，如不允许，我不敢担此重任。’国君答允之后，主将就辞别君主率军出征。从此军中一切事务，不听命于国君而全部听命于主将。临敌作战，上下一心。这样，主将就能上不受天时限制，下不受地形牵制，前无敌人敢于抵挡，后无君主从中掣肘。这样，就能使智谋之士都愿出谋划策，勇武之人都愿拼死战斗，士气昂扬直冲霄汉，行动迅速如快马奔驰，兵未交锋而敌人就已降服。从而取胜于国外，建功于朝廷，将吏得到升迁，士卒获得奖赏，百姓欢欣鼓舞，主将没有祸殃。于是风调雨顺，五谷丰登，国家安宁。”

武王说：“您说得太好了！”

将威

武王问太公曰："将何以为威？何以为明？何以为禁止而令行[①]？"

太公曰："将以诛大为威[②]，以赏小为明[③]，以罚审为禁止而令行[④]。故杀一人而三军震者，杀之；赏一人而万人悦者，赏之。杀贵大，赏贵小。杀其当路贵重之臣[⑤]，是刑上极也；赏及牛竖、马洗、厩养之徒[⑥]，是赏下通也。刑上极，赏下通，是将威之所行也。"

注释

①禁止而令行：有禁必止，有令必行。

②诛大：诛杀地位尊贵的人。

③赏小：奖赏地位低下的人。

④审：审慎。

⑤当路：指身居要职、执掌大权。

⑥牛竖：放牛的僮仆。马洗xiǎn：马夫。厩jiù养：养马的人。

译文

武王问太公说："将帅用什么办法来树立威信？用什么办法来体现英明？用什么办法做到有禁必止、有令必行？"

太公答道：“将帅通过诛杀地位高贵的人来树立威信，通过奖赏地位低下的人来体现英明，通过审慎而严明的赏罚做到有禁必止、有令必行。因此，杀一人而能使全军震骇的，就杀掉他；赏一人而能使全军高兴的，就奖赏他。诛杀贵在诛杀地位高贵的人，奖赏重在奖赏地位低下的人。能诛杀那些地位显贵、担当重要职务的人，是刑罚能触及的最上层；能奖赏牛僮、马夫、养马人员等地位低下的人，是奖赏能达到的最下层。刑罚及于最上层，奖赏达到最下层，将帅的威信就能树立，命令就能够执行了。”

励军

武王问太公曰："吾欲令三军之众，攻城争先登，野战争先赴，闻金声而怒[①]，闻鼓声而喜，为之奈何？"

太公曰："将有三[②]。"

注释

①金声：指钲声，军队中用以发布命令。古代军队作战，鸣金表示停止作战或退兵。

②三：三个要领。

译文

武王问太公说："我想让三军将士，攻城时争先登城，野战时抢先冲击，听到停止的号令都不愿意退出战斗，听到前进的号令就欢喜鼓舞地迎敌，怎么才能做到这样呢？"

太公答道："将帅要做到三个克敌制胜的要领。"

武王曰："敢问其目？"

太公曰："将，冬不服裘，夏不操扇，雨不张盖，名曰礼将；将不身服礼[①]，无以知士卒之寒暑。出隘塞，犯泥涂，将必先下步[②]，名曰力将；将不身服力[③]，无以知士卒之劳苦。军皆定次[④]，将乃就舍。炊者皆熟，将乃就食。军不举火[⑤]，将亦不举，名曰止欲将；将不身服止欲，无以知士卒之饥饱。将与士卒共寒暑、劳苦、饥饱，故三军之众闻鼓声则喜，闻金声则怒。高城深池，矢石繁下，士争先登。白刃始合[⑥]，士争先赴。士非好死而乐伤也，为其将知寒暑、饥饱之审，而见劳苦之明也。”

注释

①不身服礼：不能亲身执行礼法，即不能以身作则。服，从事，执行。

②下步：下车马而步行。

③不身服力：不能身体力行。

④定次：驻扎宿营。

⑤举火：指做饭。

⑥合：合战、交锋。

译文

武王说：“请问这三点的具体内容是什么呢？”

太公说：“将帅能冬天不穿皮衣，夏天不用扇子，雨天不张伞篷，这样的将帅叫礼将；将帅不能以身作则，就无从体会士卒的冷暖。翻越关隘险阻，经过泥泞道路，将帅必先下车马步行，这样的将帅叫力将；将帅不身体力行，就无从体会士卒的劳苦；军队宿营就绪，将帅才进入自己的营帐休息，军队的饭菜做好，将帅才开始用餐。军队没有举火照明，将帅也不举火照明，这样的将帅叫止欲将；将帅不能克制自己，就无法体会士卒的饥饱。将帅能同士卒同寒暑，共劳苦，同饥饱，那么全军官兵听到前进的号令就欢喜，听到停止的号令就愤怒。攻打高城深池时，即使箭石如雨，士卒也会争先恐后奋勇登城；进行野战时，双方刚一交锋，士卒就会前仆后继勇往直前。士卒并不是天性喜欢死亡、乐于伤残，而是由于将帅关心他们的冷暖和饥饱，体恤他们的劳苦，因此深受感动而甘心尽力报效。”

阴符

武王问太公曰："引兵深入诸侯之地，三军卒有缓急[①]，或利或害。吾将以近通远，从中应外，以给三军之用，为之奈何？"

太公曰："主与将有阴符[②]，凡八等：有大胜克敌之符，长一尺；破军擒将之符，长九寸；降城得邑之符[③]，长八寸；却敌报远之符[④]，长七寸；誓众坚守之符，长六寸；请粮益兵之符，长五寸；败军亡将之符，长四寸；失利亡士之符，长三寸。诸奉使行符[⑤]，稽留[⑥]，若符事闻，泄者告者皆诛之。八符者，主将秘闻，所以阴通言语，不泄中外相知之术。敌虽圣智，莫之能识。"

武王曰："善哉！"

注释

①卒：同"猝"，突然。缓急：情势缓急、军情安危。

②阴符：古代军中传递情报的一种秘密方法。符以铜板或竹木板制成，面刻花纹，一分为二，以花纹或尺寸长短为秘密通信的符号。

③邑：城镇。

④报远：通报战况。

⑤行符：携阴符而行。

⑥稽留：停留，耽误。

译文

武王问太公说："率领军队深入敌国境内，全军突然遭遇紧急情况，或者对我有利，或者对我有害，我想从近处通知远方，从国内策应国外，以备三军之需，应当怎么办？"

太公答道："君主授予主将秘密的兵符，一共分为八种：有我军大获全胜、全歼敌军的阴符，长度为一尺；有击破敌军、擒获敌将的阴符，长度为九寸；有迫使敌军投降，占领敌人城邑的阴符，长度为八寸；有击退敌人、通报战况的阴符，长度为七寸；有激励军民坚持守御的阴符，长度为六寸；有请求补给粮草、增加兵力的阴符，长度为五寸；有报告军队失败、将领阵亡的阴符，长度为四寸；有报告战斗失利、士卒伤亡的阴符，长度为三寸。凡是奉命传递阴符的，如果因延误时限而造成机密泄露，泄露者和随便传告机密者，都一律处死。这八种阴符，由君主和将帅秘密掌握，是一种用来暗中传递消息，而不泄露朝廷和战场机密的通讯手段。这样，即使敌人再聪明，也无法识破它的奥秘。"

武王说："您说得太好了！"

阴书

武王问太公曰："引兵深入诸侯之地，主将欲合兵①，行无穷之变，图不测之利。其事繁多，符不能明，相去辽远，言语不通，为之奈何？"

太公曰："诸有阴事大虑②，当用书，不用符。主以书遗将，将以书问主，书皆一合而再离，三发而一知。再离者，分书为三部；三发而一知者，言三人，人操一分，相参而不相知情也③，此谓阴书④。敌虽圣智，莫之能识。"

武王曰："善哉！"

注释

①合兵：集结兵力

②阴事：秘密的事情。

③相参：每人只知道三分之一。参，通"三"。

④阴书：古代秘密通信的一种办法，能比阴符传递更具体的消息。

译文

武王问太公说："率领军队深入敌国境内，主将想要集结兵力，根据敌情施行灵活的机变，谋求出其不意的胜利。但要沟通的事情繁杂，用阴符难以说明，彼此相距又十分遥远，言语难通。在这种情况下该怎么办？”

太公回答道：“凡是密谋大计，都应用阴书，而不用阴符。国君用阴书向主将传达指示，主将用阴书向国君请示问题，这种阴书都是一合而再离、三发而一知。所谓再离，就是把一封完整的书信切割两刀而分为三个部分；所谓三发而一知，就是分派三个人送信，每人持有其中的一部分，每人只知三分之一，即使送信的人也不知道书信的全部内容，这就叫阴书。这样，无论敌人怎样聪明，也不能识破阴书中的秘密。”

武王说：“您说得太好了！”

军势

武王问太公曰："攻伐之道奈何？"

太公曰："势因敌家之动，变生于两阵之间①，奇正发于无穷之源②。故至事不语③，用兵不言。且事之至者，其言不足听也；兵之用者，其状不足见也。倏而往④，忽而来，能独专而不制者，兵也。

注释

①变：战术变化。

②奇正：古时兵法术语。古代作战以对阵交锋为正，设伏掩袭等为奇。

③至：极，最。

④倏shū：忽然。

译文

武王问太公说："进攻作战的战术是什么呢？"

太公答道："进攻的战术要根据敌人的行动而决定，战术的变化产生于敌我双方的临阵对垒，奇正的运用来源于将帅无穷的智慧和思考。因此，最重要的机密不能泄露，用兵的谋略不可言传，况且机密极为重要，只能藏于心中而不能表现出来，军队的部署和运用，只能隐秘而不可暴露于敌。倏然而去，忽然而来，独断专行而不受制于人，这就是用兵的原则。

“夫兵，闻则议，见则图，知则困，辨则危。故善战者，不待张军[①]；善除患者，理于未生[②]；善胜敌者，胜于无形；上战[③]，无与战。故争胜于白刃之前者，非良将也；设备于已失之后者，非上圣也；智与众同，非国师也[④]；技与众同，非国工也[⑤]。事莫大于必克，用莫大于玄默[⑥]，动莫神于不意，谋莫善于不识。夫先胜者，先见弱于敌，而后战者也，故事半而功倍焉。圣人征于天地之动[⑦]，孰知其纪，循阴阳之道而从其候[⑧]，当天地盈缩因以为常[⑨]。物有死生，因天地之形。故曰：未见形而战，虽众必败。

注释

①张军：展开军队，列阵对敌。张，伸展，展开。

②理于未生：即防患于未然。理，处理，治理。

③上：极致的，质量高的。

④国师：一国之师。

⑤国工：国中技艺高超的能工巧匠。

⑥玄默：缄默不言，即保守秘密，不泄露自己的企图。

⑦征：征候。引申为观察，揣度。

⑧候：征兆，规律。

⑨天地盈缩：指自然界的盛衰变化。

译文

“敌人听说我军兴兵，就会商议应对之策；敌人发现我军行动，就会设法对我军算计图谋；敌人了解我军企图，我军就会陷入困境；敌人摸清我军动向，我军就会遭遇危险。所以善于用兵的，取胜于军队动用之前；善于消除祸患的，能够防患于未然；善于打胜仗的，能够取胜于无形之中。最高明的作战是不战而使敌人屈服。因此，经过白刃相交冒死作战而取胜的，不是良将；在失败之后再来设置守备的，不是智士；智谋与一般人相同的，不能称为国师；技艺与一般人相同的，不能称为国工。作战最重要的莫过于所攻必克，用兵最重要的莫过于隐秘安静，行动最重要的莫过于出其不意，计谋最重要的莫过于神妙难测。凡是未战而先胜的，都是先示弱于敌，然后进行决战，这样便可事半功倍。圣人观察天地的变化，熟悉其运行的规律，根据日月的运行、季节的变化、昼夜的长短，顺应事物的普遍规律，据此推断出天地自然之变化。万物的生死，取决于天地的形势。所以说，没有弄清战争的形势就贸然作战，虽然兵力充足，也必定失败。

“善战者，居之不挠[①]，见胜则起，不胜则止。故曰：无恐惧，无犹豫。用兵之害，犹豫最大。三军之灾，莫过狐疑。善战者，见利不失，遇时不疑。失利后时，反受其殃[②]。故智者，从之而不释[3]；巧者，一决而不犹豫。是以疾雷不及掩耳，迅电不及瞑目[4]。赴之若惊，用之若狂；当之者破，近之者亡，孰能御之？夫将，有所不言而守者[5]，神也；有所不见而视者，明也。故知神明之道者，野无横敌，对无立国。"

武王曰："善哉！"

注释

①扰：扰乱。

②殃：祸害、灾祸。

③释：放过，放开。

④瞑目：闭上眼睛。

⑤守：保守，指胸有成竹，老谋深算。

译文

"善于指挥作战的人，按兵待机而不被假象所干扰，看到有利战机就进攻，没有获胜的可能就停止。所以说，不要恐惧，不要犹豫。用兵的祸患，最大的是犹豫；军队的灾难，最大的是狐疑。善于打仗的人，看到有利的情况决不放过，遇到有利的战机决不迟疑。否则，失掉有利条件放过有利战机，自己反而会遭受灾祸。所以，明智的指挥者抓住战机就不放过，机智的指挥者一经决定就决不迟疑。所以投入战斗才能像迅雷使人不及掩耳，像闪电使人不及闭目，前进有如惊马奔驰，作战有如狂风般迅猛。阻挡它的就被击破，靠近它的都被消灭，这样的军队谁还能抵抗呢？将帅用兵，能不动声色而胸有成竹的叫作神，情况未明而能洞察端倪的叫作明。所以，掌握了神明的用兵之道，作战就没有势均力敌的对手，天下就没有敢于对抗的敌国。”

武王说：“您说得太好了！”

奇兵

武王问太公曰："凡用兵之法，大要何如？"

太公曰："古之善战者，非能战于天上，非能战于地下，其成与败，皆由神势[①]。得之者昌，失之者亡。夫两阵之间，出甲陈兵[②]，纵卒乱行者，所以为变也；深草蓊翳者[③]，所以逃遁也；溪谷险阻者，所以止车御骑也；隘塞山林者，所以以少击众也；坳泽窈冥者[④]，所以匿其形也；清明无隐者，所以战勇力也；疾如流矢，如发机者，所以破精微也[⑤]；诡伏设奇，远张诳诱者，所以破军擒将也；四分五裂者，所以击圆破方也；因其惊骇者，所以一击十也；因其劳倦暮舍者[⑥]，所以十击百也；奇伎者，所以越深水、渡江河也；强弩长兵者，所以逾水战也[⑦]；长关远候[⑧]，暴疾谬遁者[⑨]，所以降城服邑也；鼓行喧嚣者，所以行奇谋也；大风甚雨者，所以搏前擒后也；伪称敌使者，所以绝粮道也；谬号令与敌同服者，所以备走北也[⑩]；战必以义者，所以励众胜敌也；尊爵重赏者，所以劝用命也；严刑重罚者，所以进罢怠也[⑪]；一喜一怒，一予一夺，一文一武，一徐一疾者，所以调和三军，制一臣下也；处高敞者，所以警守也；保阻险者，所以为固也；山林茂秽者[⑫]，所以默往来也；深沟高垒，积粮多者，所以持久也。

注释

①神势：神妙的态势。

②陈：布设战阵。

③蓊翳wěngyì：草木茂盛的样子。

④坳ào泽：低洼潮湿之地。窈yǎo冥：幽暗。

⑤精微：精妙周密。

⑥因：乘。

⑦逾：越过。

⑧长关远候：指在远方设立关卡，派出侦察兵。

⑨暴疾谬遁：意为行动迅速、进退诡诈。

⑩北：败北，战败溃逃。

⑪罢pí：疲劳。

⑫秽：荒芜，多杂草。

译文

武王问太公说："用兵的方法，其要领是什么？"

太公答道："古代善于用兵之人，并不是能战于天上，也不是能战于地下，其成功与失败，全在于能否造成神妙莫测的态势。能造成这种态势的就胜利，不能造成这种态势的就失败。当两军对阵交锋时，卸下铠甲，放下武器，放纵士兵，行列混乱，目的是为采取出其不意的行动；占领草木茂盛之地，目的是便于隐蔽撤退；占领溪谷险阻地形，目的是阻挡敌人车兵和骑兵行动；占领险阻关隘山林地区，目的是以少击众；占领低洼、潮湿、幽暗地形，目的是隐蔽我军行动；占领平坦开阔地区，目的是同敌人比勇斗力；行动快如飞箭，猛如弩机射箭，目的是以迅雷不及掩耳之势打破敌人的精密谋划；巧妙设伏，布置奇兵，虚张声势，诱骗敌人，目的是为了击破敌军，擒获敌将；四面出击，多方进攻，目的是打破敌人的圆阵和方阵；乘敌人惊慌失措之际发起进攻，目的是达到以一击十的效果；乘敌人疲劳不堪、夜晚宿营之机进行突袭，目的是达到以十击百的效果；利用奇巧的技术架桥造船，目的是越过深水，渡过大河；使用强弩和长兵器，目的是便于渡水作战；在边远地区设置关卡，派出侦察人员，快速行动，不拘常法，目的是降服敌人城池，攻占敌人土地；故意大声鼓噪喧哗前进，目的是扰乱敌人耳目，施行奇计妙策；冒着大风暴雨天气展开行动，目的是攻前袭后多方进击；谎称敌人使者潜入敌后，目的是切断敌人粮道；诈用敌人号令，穿着敌军服装，目的是便于撤退；作战中对官兵晓以大义，目的是激励士气战胜敌人；加封官爵，加重奖赏，目的是劝勉官兵奋勇效命；实行严刑重罚，目的是促使疲惫的将士坚持战斗；有喜有怒，有赏有罚，有礼有威，有慢有快，目的是协调全军意志，统一部属行动；占领高阔之地，目的是利于警戒和守备；保守险隘要地，目的是稳固自己的防御；占领山深林密的地形，目的是隐蔽军队的行动；深挖壕沟，高筑壁垒，多储粮草，目的是持久作战。

“故曰：不知战攻之策，不可以语敌；不能分移[①]，不可以语奇；不通治乱，不可以语变。故曰：将不仁，则三军不亲；将不勇，则三军不锐；将不智，则三军大疑；将不明，则三军大倾[②]；将不精微，则三军失其机；将不常戒，则三军失其备；将不强力，则三军失其职。故将者，人之司命[③]，三军与之俱治，与之俱乱。得贤将者，兵强国昌，不得贤将者，兵弱国亡。”

武王曰：“善哉！”

注释

①分移：指灵活机动地使用兵力。分，分开。移，挪动。

②倾：倾覆，倒下。引申为失败，崩溃。

③司：掌管。

译文

“所以说：不懂得攻战的策略，就谈不上对敌作战；不会灵活机动使用兵力，就谈不上出奇制胜；不通晓军队治乱之理，就谈不上随机应变。所以说：将帅不仁慈，全军上下就不会拥护；将帅不勇敢，军队就没有战斗力；将帅不机智，全军上下就会产生疑惧；将帅不英明，军队就会遭到惨败；将帅考虑问题不审慎周详，军队就会失掉战机；将帅缺乏警惕，军队就会疏于戒备；将帅领导不强硬，全军上下就会玩忽职守。所以，将帅是军队的主宰。将帅严整，军队就随他一起严整，将帅无能，军队就同他一道混乱。得到贤明精干的将帅，就会国家昌盛军队强大；得不到贤明精干的将帅，就会国家衰败军队覆亡。”

武王说：“您说得太好了！”

五音

武王问太公曰："律音之声[①]，可以知三军之消息[②]，胜负之决乎？"

太公曰："深哉！王之问也。夫律管十二[③]，其要有五音：宫、商、角、徵、羽[④]，此其正声也，万代不易。五行之神[⑤]，道之常也，可以知敌。金、木、水、火、土，各以其胜攻也。古者，三皇之世[⑥]，虚无之情[⑦]，以制刚强。无有文字，皆由五行。五行之道，天地自然。六甲之分[⑧]，微妙之神。

注释

①律音：指六律、五音。

②消息：指消长、盛衰之变化。

③律管：古代正音的乐器，用竹、玉或铜制成，共十二管。各管按音阶由低到高依次为黄钟、大吕、太簇、夹钟、姑洗、仲吕、蕤ruí宾、林钟、夷则、南吕、无射yì、应钟。

④宫、商、角、徵zhǐ、羽：古代的五个音阶。阴阳五行家以五音配五行，宫属土，商属金，角属木，徵属火，羽属水。

⑤五行：古人认为世间万物都是由金、木、水、火、土五种物质构成，五者相生相克。

⑥三皇：传说中远古的帝王。具体说法不一，或

认为是伏羲、神农和祝融，或认为是伏羲、神农和黄帝。

⑦虚无：清静无为，无为而无不为。

⑧六甲：古代以天干（甲、乙、丙、丁、戊、己、庚、辛、壬、癸）与地支（子、丑、寅、卯、辰、巳、午、未、申、酉、戌、亥）相配计算时日，其中甲子、甲戌、甲申、甲午、甲辰、甲寅六个以甲为首的干支称六甲。

译文

武王问太公说：“从律管发出的声乐中，可以判断军队力量的消长，预知战争的成败吗？”

太公回答道：“大王提的这个问题真是很深奥啊。律管共有十二个音阶，其中主要的有五个，即宫、商、角、徵、羽。这是最基本的声音，千秋万代都不会改变。五行相生相克，神妙无比，乃是天地变化的自然规律，借此可以预知敌情。金、木、水、火、土五行，各以其相互生克取胜。用兵之道也是以其胜攻不胜。上古三皇时代，崇尚清静无为，以克制刚强暴虐。当时没有文字，一切都按照五行生克行事。五行相互生克之道，就是天地演变的自然规律。六甲区分隐遁之法，真是体现出神一般的微妙啊。

“其法以天清净，无阴云风雨，夜半，遣轻骑，往至敌人之垒，去九百步外，偏持律管当耳①，大呼惊之。有声应管，其来甚微。角声应管，当以白虎[2]；徵声应管，当以玄武[3]；商声应管，当以朱雀[4]；羽声应管，当以勾陈[5]；五管声尽不应者，宫也，当以青龙[6]。此五行之符，佐胜之征，成败之机也。”

武王曰：“善哉！”

注释

①偏：通“遍”，全，都。

②白虎：古代天文学把黄道上的恒星分为二十八个星座即二十八宿。其中西方七宿合称白虎，后又用以代指西方，因西方属金，五行家又以白虎为金之神。

③玄武：北方七宿的合称，又用以代指北方。因北方属水，五行家又以玄武为水之神。

④朱雀：南方七宿的合称，又用以代指南方。因南方属火，五行家又以朱雀为火之神。

⑤勾陈：古代天文学家所定的一个星座，包括六颗恒星，勾陈即北极星。从地球上看，北极星位置不变，为群星所环绕，因此又用以代指中央。因中央属土，五行家又以勾陈为土之神。

⑥青龙：东方七宿的合称，又用以代指东方。因东方属木，五行家又以青龙为木之神。

译文

“运用五音五行的方法是：当天气晴朗明净，没有阴云风雨时，于半夜派遣轻骑前往敌人营垒，在距离敌营九百步开外，都手拿律管对着耳朵，向敌营方向大声疾呼以惊动他们。这时，就会有来自敌方的回声反应于律管中，这回声非常微弱。如果是角声反应于律管中，就应根据白虎所代表的方位从西面攻打敌人；如果是徵声反应于律管中，就应根据玄武所代表的方位从北边攻打敌人；如果是商声反应于律管中，就应根据朱雀所代表的方位从南边进攻敌人；如果是羽声反应于律管中，就应根据勾陈所代表的方位从中央攻打敌人；所有律管都没有回声的是宫声的反应，应根据青龙所代表的方位从东边攻打敌人。这些就是五行生克的应验，辅助制胜的征兆，胜败的先机。”

武王说：“太妙了！”

太公曰：“微妙之音，皆有外候[①]。”

武王曰：“何以知之？”

太公曰：“敌人惊动则听之。闻枹鼓之音者[②]，角也；见火光者，徵也；闻金铁矛戟之音者，商也；闻人啸呼之音者，羽也；寂寞无闻者，宫也。此五者，声色之符也。”

注释

①外候：外部征兆。

②枹fú鼓：鼓槌和鼓。

译文

太公说：“微妙的音律，都有外在的征候。”

武王问："怎么才能知道呢？"

太公说："当敌人被惊动时就仔细倾听，听到击鼓声是角声的反应，见到火光是徵声的反应，听到金戈铁戟各种兵器声是商声的反应，听到敌人的呼喊声是羽声的反应，寂静无声的是宫声的反应。这五种音律与外界的动静是各自符应的。"

兵征

武王问太公曰："吾欲未战先知敌人之强弱，豫见胜负之征，为之奈何？"

太公曰："胜负之征，精神先见[①]。明将察之，其败在人。谨候敌人出入进退，察其动静，言语妖祥[②]，士卒所告。

注释

①精神：指人的精神状态。见：同"现"，显现。

②妖祥：吉凶。妖，怪异凶恶。祥，吉祥。

译文

武王问太公说："我想在未交战之前就先知道敌人的强弱，预见战争成败的征兆，应该怎么办？"

太公答道："胜败的征兆，首先在敌人精神上表现出来。英明的将帅能够察觉，但能否利用征兆打败敌人，则在于人的主观努力。周密地侦察敌人出入进退的情况，观察他们的动静，了解士卒言谈中所反映出的隐含的吉凶。

"凡三军说怿[①]，士卒畏法，敬其将命，相喜以破敌，相陈以勇猛，相贤以威武，此强征也；

三军数惊，士卒不齐，相恐以敌强，相语以不利，耳目相属，妖言不止，众口相惑，不畏法令，不重其将，此弱征也；三军齐整，阵势以固，深沟高垒，又有大风甚雨之利，三军无故②，旌旗前指，金铎之声扬以清，鼙鼓之声宛以鸣，此得神明之助，大胜之征也；行陈不固，旌旗乱而相绕，逆大风甚雨之利，士卒恐惧，气绝而不属③，戎马惊奔，兵车折轴，金铎之声下以浊，鼙鼓之声湿如沐，此大败之征也。

注释

①说怿yì：喜悦，愉快。说，同“悦”。

②无故：此处指不待命令而行动。

③不属zhǔ：不相连接。引申为涣散。

译文

“凡是全军喜悦，士卒畏惧法令，尊重将帅命令，相互以破敌为喜悦，相互以勇猛为荣耀，相互以威武为尊崇，这是军队战斗力强大的征兆；如果全军上下不断被惊动，士卒散乱行列不整，相互之间被敌人的强悍所恐吓，相互传播作战不利的消息，相互之间议论纷纷，谣言四起而不能制止，互相煽惑欺蒙，不畏惧法令，不尊重将帅，这是军队战斗力虚弱的征兆；全军步调一致，阵势坚固，沟深垒高，又凭借大风大雨的有利天气条件，三军不待命令而旌旗指向前方，金铎之声高扬而清晰，鼙鼓之声婉转而高亢，这是军队得到神明的帮助，必将取得大胜的征兆；行阵不稳固，旌旗纷乱而方向不明，又逆着大风大雨的不利天气条件，士卒惊慌恐惧，士气衰弱而涣散，军马惊骇奔逃，战车轴木折断，金铎之声低沉而混浊，鼙鼓之声沉闷而压抑，这是军队大败的征兆。

“凡攻城围邑，城之气色如死灰[①]，城可屠；城之气出而北，城可克；城之气出而西，城可降；城之气出而南，城不可拔；城之气出而东，城不可攻；城之气出而复入，城主逃北[②]；城之气出而覆我军之上，军必病[③]；城之气出高而无所止，用兵长久。凡攻城围邑，过旬不雷不雨，必亟去之[④]，城必有大辅。此所以知可攻而攻，不可攻而止。”

武王曰：“善哉！”

注释

①死灰：灰白色。

②城主：守城的主将。

③病：弊病，困厄。

④亟：急。

译文

“凡是攻打和包围城市：如果城上的气是死灰之色，城可被毁灭；如果城上的气出而向北流动，城可被攻克；如果城上的气出而向西流动，城中将士可能投降；如果城上的气出而向南流动，城就坚不可拔；如果城上的气出而向东流动，城就不能攻打；如果城上的气出而又入，守城的主将必定会弃城而逃；如果城上的气出而覆盖我军，我军必遭不利；如果城上的气高升而不固定，作战一定历时长久。凡是攻城围邑，如果过了十天仍不打雷下雨，必须迅速撤离，因为城中一定有贤能的辅助。这样，就可以知道可攻则攻，不可攻则停止的道理了。”

武王说：“您说得太好了！”

农器

武王问太公曰："天下安定，国家无事，战攻之具可无修乎[1]？守御之备可无设乎？"

太公曰："战攻守御之具尽在于人事[2]。耒耜者[3]，其行马蒺藜也[4]；马牛车舆者，其营垒蔽橹也[5]；锄櫌之具[6]，其矛戟也；蓑薜簦笠[7]，其甲胄干楯也；钁、锸、斧、锯、杵、臼[8]，其攻城器也；牛马，所以转输粮用也；鸡犬，其伺候也；妇人织纴，其旌旗也；丈夫平壤，其攻城也；春钹草棘[9]，其战车骑也；夏耨田畴[10]，其战步兵也；秋刈禾薪[11]，其粮食储备也；冬实仓廪，其坚守也；田里相伍[12]，其约束符信也[13]；里有吏，官有长，其将帅也；里有周垣[14]，不得相过，其队分也；输粟收刍[15]，其廪库也；春秋治城郭[16]，修沟渠，其堑垒也。

注释

①修：置备。

②人事：这里指农事。

③耒耜lěisì：古代耕地翻土用的农具。耒为柄，耜为铲，形状与犁相似。

④行马：用以堵塞道路的障碍器材。蒺藜：一种带有尖刺的障碍物，形如蒺藜。

⑤橹：大盾牌。

⑥耰yōu：古代一种碎土平田的农具。

⑦蓑薜bì簦dēng笠：都是遮雨的器具。蓑薜，草编的雨衣。簦，古时有柄的笠，即雨伞。笠，斗笠，戴在头上。

⑧镢jué：一种类似镐的刨土工具。锸chā：铁锹，掘土的工具。杵chǔ：舂米或捶衣用的棒槌。臼jiù：舂米或捣物用的器具，多用石头或木头制成。

⑨钹pō：古农具，似镰，用于割草。

⑩耨nòu：耘田除草。

⑪刈yì：镰刀一类的农具，此处指收割庄稼。

⑫伍：古代军队的编制，五人为一伍。

⑬符信：凭证。

⑭周垣yuán：四周的墙垣。

⑮刍：饲喂牛马的草料。

⑯城郭：内城和外城的总称。

译文

武王问太公说："天下安定，国家没有战争，野战、攻城的器械，可以不准备吗？防守御敌的设施，可以不建设吗？"

太公答道："战时的攻战守御器械，实际上全在平时人民生产生活的工具中。耕作用的耒耜，可充作拒马、蒺藜等障碍器材；马车和牛车，可用作营垒和蔽橹等屏障器材；锄耰等农具，可充当战斗用的矛戟；蓑衣、雨伞和斗笠，可用作战斗的盔甲和盾牌；镢锸斧锯杵臼，可用作攻城器械；牛马，可用来转运粮草；鸡犬，可用来报时和警戒；妇女纺织的布帛，可用于制作战旗；男子平整土地的技术，可用于攻城作业；春季割草除棘的方法，可用为同敌战车骑兵作战的技术；夏季耘田锄草的方法，可用为同敌步兵作战的技巧；秋季收割庄稼柴草，可用作备战的粮秣；冬季粮食堆满仓库，就是为战时的长期坚守做储备；同村同里的人，平时相编为伍，就是战时军队编组和管理的依据；里设长吏，官府有长，战时即可充任军队的军官；里之间修筑围墙，不得逾越，战时即是军队的驻地区分；运输粮食，收割马料，战时充实军队的后勤粮仓；春秋两季修筑城郭，疏浚沟渠，如同战时修建壁垒沟壕。

“故用兵之具，尽在于人事也。善为国者，取于人事。故必使遂其六畜，辟其田野，安其处所，丈夫治田有亩数，妇人织纴有尺度，是富国强兵之道也。”

武王曰：“善哉！”

译文

“所以说作战的器具，都存在于平时的生产生活之中。善于治理国家的人，无不重视农事。所以必须使人民大力养殖六畜，开垦田地，安居乐业，男子种田要达到一定的亩数，妇女纺织有一定的尺度。这就是富国强兵的方法。”

武王说：“您说得太好了！”

卷四 虎韬

军用

武王问太公曰：“王者举兵，三军器用，攻守之具，科品众寡[①]，岂有法乎？”

太公曰：“大哉！王之问也。夫攻守之具，各有科品，此兵之大威也。”

注释

①科品：品类，种类。

译文

武王问太公说：“君王兴兵作战，军队的武器装备和攻守器具，其种类和数量的多少，难道有一定的标准吗？”

太公答道：“您问的是一个大问题啊！攻守器具的种类和数量，各有规范，这是关系到军队威力强弱的大问题。”

武王曰：“愿闻之”。

太公曰：“凡用兵之大数，将甲士万人，法用武冲大扶胥三十六乘[①]，材士强弩矛戟为翼[②]，一车二十四人推之。以八尺车轮，车上立旗鼓。兵法谓之震骇，陷坚阵，败强敌。武翼大橹矛戟扶胥七十二具[③]，材士强弩矛戟为翼，以五尺车轮，绞车、连弩自副[④]，陷坚阵，败强敌。提翼小橹扶胥一百四十具[⑤]，绞车、连弩自副，以鹿车轮[⑥]，陷坚阵，败强敌。大黄参连弩大扶胥三十六乘[⑦]，材士强弩矛戟为翼，飞凫、电影自副[⑧]。飞凫赤茎白羽，以铜为首；电影青茎赤羽，以铁为首。昼则以绛缟[⑨]，长六尺，广六寸，为光耀；夜则以白缟，长六尺，广六寸，为流星。陷坚阵，败步骑。大扶胥冲车三十六乘，螳螂武士共载[⑩]，可以击纵横，可以败敌。辎车骑寇[⑪]，一名电车[⑫]，兵法谓之电击。陷坚阵，败步骑。寇夜来前，矛戟扶胥轻车一百六十乘[⑬]。螳螂武士三人共载，兵法谓之霆击，陷坚阵，败步骑。

注释

①武冲大扶胥：一种设有大盾的大型战车。扶胥，战车的别名。

②材士：勇猛而武艺高强的士兵。翼：护卫。

③武翼大橹矛戟扶胥：一种配备有大盾牌和矛戟的战车。

④绞车、连弩：一种用绞车张弓，能连续发射箭矢的强弩。

⑤提翼小橹扶胥：一种装备有小盾牌的小型战车。

⑥鹿车：一种以人力推挽的小车。

⑦大黄参连弩大扶胥：配备有大黄参连弩的大型战车。大黄，一种强弩的名称。参连弩，能连续击发的强弩。

⑧飞凫、电影：旗帜名。一说为箭名。

⑨绛缟：大红色的丝绢。

⑩螳螂武士：骁勇善战的武士。

⑪辎车骑寇：轻快迅捷的兵车。

⑫电车：快如闪电的战车。

⑬矛戟扶胥轻车：一种配备有矛戟的轻型战车。

译文

武王说："我想听听详细内容。"

太公说："凡是用兵作战，统率甲士万人，所需武器装备的标准是：名为武冲大扶胥的战车三十六辆，以有技能而勇健的武士使用强弩、矛、戟在两旁护卫，每车用二十四人推行。其车轮的高度为八尺，车上竖旗设鼓。兵法上把这种战车叫作震骇，可用它攻破坚阵，击败强敌。名为武翼大橹矛戟扶胥的战车七十二辆，以有技能而勇健的武士使用强弩、矛、戟为两侧护卫。其车轮高五尺，并附设用绞车上弦的连弩，可用它攻破坚阵，击败强敌。名为提翼小橹扶胥的战车一百四十辆，附设用绞车上弦的连弩。这种车装有独轮，可用它攻破坚阵，击败强敌。名为大黄参连弩大扶胥的战车三十六辆，以有技能而勇健的武士使用强弩、矛、戟在两旁护卫，附设飞凫和电影两种旗帜。飞凫用红色的杆、白色的羽，用铜饰旗杆头；电影用青色的杆、红色的羽，用铁饰旗杆头。白天用大红色的绢作旗子，其长六尺，宽六寸，名叫光耀；夜间用白色的绢作旗子，其长六尺，宽六寸，名叫流星。这种战车可用来攻破坚阵，击败敌军步兵、骑兵。名为大扶胥冲车的战车三十六辆，车上载乘称作螳螂的武士，可以用来纵横出击，击败强敌。名为辎车骑寇的战车，也叫电车，兵法上称为电击。可以用来攻破坚阵，击败敌人步骑。敌人乘黑夜前来突袭，可用名为矛戟扶胥轻车的战车一百六十辆，每车上载乘称作螳螂的武士三人，兵法上称为霆击，可用来攻破坚阵，击败敌人步骑。

“方首铁棓维朌[①]，重十二斤，柄长五尺以上，千二百枚，一名天棓。大柯斧[②]，刃长八寸，重八斤，柄长五尺以上，千二百枚，一名天钺。方首铁锤，重八斤，柄长五尺以上，千二百枚，一名天锤。败步骑群寇。飞钩长八寸[③]，钩芒长四寸，柄长六尺以上，千二百枚，以投其众。

注释

①方首铁棓bàng维朌fén：一种方头系挂大头的铁棒。

②大柯斧：长柄斧头。柯，斧柄。

③飞钩：古代兵器，似剑而曲，用长绳拴系，可用来钩取敌人。

译文

"名为方首铁棓维肦的铁棒，重十二斤，柄长五尺以上，共置一千二百把，这种武器又名天棓。名为大柯斧的长柄斧，刃长八寸，重八斤，柄长五尺以上，共置一千二百把，这种武器又名天钺。方首铁槌，重八斤，柄长五尺以上，共一千二百把，又名天槌。这些武器都可以用来击败敌人的步骑。飞钩，长八寸，钩尖长四寸，柄长六尺以上，共一千二百枚，可用来投掷钩伤敌人。

"三军拒守，木螳螂剑刃扶胥[①]，广二丈，百二十具，一名行马。平易地，以步兵败车骑。木蒺藜[②]，去地二尺五寸，百二十具。败步骑，要穷寇[③]，遮走北。轴旋短冲矛戟扶胥[④]，百二十具，黄帝所以败蚩尤氏[⑤]。败步骑，要穷寇，遮走北。狭路微径，张铁蒺藜，芒高四寸，广八寸，长六尺以上，千二百具，败步骑。突瞑来前促战[⑥]，白刃接，张地罗[⑦]，铺两镞蒺藜，参连织女[⑧]，芒间相去二寸，万二千具。旷野草中，方胸铤矛[⑨]，千二百具，张铤矛法，高一尺五寸。败步骑，要穷寇，遮走北。狭路、微径、地陷，铁械锁参连，百二十具。败步骑，要穷寇，遮走北。

注释

①木螳螂剑刃扶胥：一种用以拒守的木制战具，形似螳螂，有尖刃向外。

②木蒺藜：形如蒺藜的木制有刺障碍物。

③要yāo：拦腰截断。

④轴旋短冲矛戟扶胥：一种配备有冲角矛戟可旋转的战车。

⑤蚩尤氏：相传为九黎族首领，有兄弟九十一人，均兽身人首，能呼风唤雨，勇猛善战，后与黄帝争夺中原，失败被杀。

⑥突暝：在天色黑暗时进行突袭。促战：近战。

⑦地罗：地网。

⑧参连织女：将蒺藜连缀在一起的障碍物。织女，本是一种类似蒺藜的草，此处指一种带有尖刺的障碍物。

⑨方胸鋋chán矛：齐胸高的小矛。鋋，短柄小矛。

译文

"军队防守时，应使用一种名叫木螳螂剑刃扶胥的战具，每具宽两丈，共一百二十具，又称行马。在平坦开阔的地形上，步兵可用它来阻碍敌车骑的行动。木蒺藜，设置时要高于地面二尺五寸，共一百二十具，可用来阻碍敌步骑行动，拦阻势穷力竭的敌人，堵截败退逃跑的敌人。名为轴旋短冲矛戟扶胥的战车一百二十辆，黄帝曾用以打败蚩尤。可用来击败敌人的步骑，拦阻势穷力竭的敌人，截堵败退逃跑的敌人。在狭窄的小道上，可以布设铁蒺藜。铁蒺藜刺长四寸，宽八寸，每具长六尺以上，共一千二百具，可用来阻碍敌人步骑行动。敌人乘着黑夜突然前来交战，白刃相接，这时应张设地罗，布置两镞蒺藜和名为参连织女的障碍物，每具芒尖相距二寸，共一万二千具。在旷野草地作战，应设置名为方胸铤矛的障碍物共一千二百具。布设铤矛的方法是，使它高出地面一尺五寸。以上这些器具，可用来击败敌人步骑，拦阻势穷力竭的敌人，堵截撤退逃跑的敌人。在狭窄小道和低洼的地形上，可以张设名为铁械锁参连的障碍物，共一百二十具。可用来击败敌人的步骑，阻碍势穷力竭的敌人，堵截撤退逃跑的敌人。

“垒门拒守：矛戟小橹十二具，绞车、连弩自副。三军拒守：天罗虎落锁连一部①，广一丈五尺，高八尺，百二十具。虎落剑刃扶胥，广一丈五尺，高八尺，五百二十具。渡沟堑：飞桥一间②，广一丈五尺，长二丈以上，着转关辘轳八具，以环利通索张之。渡大水：飞江③，广一丈五尺，长二丈以上，八具，以环利通索张之。天浮铁螳螂④，矩内圆外，径四尺以上，环络自副，三十二具。以天浮张飞江，济大海⑤，谓之天潢，一名天舡⑥。山林野居，结虎落柴营⑦：环利铁索，长二丈以上，千二百枚。环利大通索，大四寸，长四丈以上，六百枚。环利中通索，大二寸，长四丈以上，二百枚。环利小微缧⑧，长二丈以上，万二千枚。天雨，盖重车上板，结枲钼铻⑨，广四尺，长四丈以上，车一具，以铁杙张之⑩。

注释

①天罗虎落：一种障碍物。天罗，缀有蒺藜的网。虎落，竹篱。

②飞桥：一种可折叠的桥或壕桥。

③飞江：一种可渡江过河的浮桥。

④天浮：一种浮桥。

⑤大海：古时称大的湖泊为海。

⑥天舡：大船。

⑦柴zhài：通“寨”，营寨。

⑧缧léi：绳索。

⑨结枲xǐ钼铻jǔyǔ：指在木板上结系麻绳，并契刻齿槽，使与战车吻合。枲，麻。钼铻，排列成锯齿状。

⑩铁杙yì：铁桩或钉子一类的东西。杙，橛，木桩。

译文

“守卫营门，用矛、戟、小橹十二具，并配备用绞车上弦的连弩。军队拒守军营时，应设置名为天罗虎落锁连的障碍物，每部宽一丈五尺，高八尺，共一百二十具。并设置名为虎落剑刃扶胥的战车，每部宽一丈五尺，高八尺，共五百二十具。渡越沟堑，要使用飞桥，每个宽为一丈五尺，长两丈以上，飞桥上装备转关辘轳，共八具，用铁环和长绳架设。横渡江河，要使用名为飞江的浮桥，宽一丈五尺，长两丈以上，共八具，用铁环和长绳把它们联结起来。名为天浮的渡水器材有称作铁螳螂的铁锚，内呈长方形，外呈圆形，外径四尺以上，并用铁环和绳索联结，共三十二具。用天浮架设飞江，可以横渡大湖。这种渡水工具叫作天潢，又名天舡。军队在山林旷野地区扎营，应用木材结成名叫虎落柴营的栅寨。用铁环长绳锁连，每条长两丈以上，共需一千二百条。带铁环的粗大绳索，铁环大四寸，绳长四丈以上，共六百条。带铁环的中等绳索，铁环大两寸，绳长四丈以上，共二百条。小号绳索，每条长两丈以上，共一万二千条。天下雨时，辎重车要盖上车顶板，板上结系麻绳并钻刻齿槽，使它与车子吻合，每块木板宽四尺，长四丈以上，每辆车配备一块并用名为铁杙的钉子加以固定。

“伐木大斧，重八斤，柄长三尺以上，三百枚。棨钁①，刃广六寸，柄长五尺以上，三百枚。铜筑固为垂，长五尺以上，三百枚。鹰爪方胸铁把，柄长七尺以上，三百枚。方胸铁叉，柄长七尺以上，三百枚。方胸两枝铁叉，柄长七尺以上，三百枚。芟草木大镰②，柄长七尺以上，三百枚。大橹刀，重八斤，柄长六尺，二百枚。委环铁杙，长三尺以上，三百枚。椓杙大锤③，重五斤，柄长二尺以上，百二十具。甲士万人，强弩六千，戟楯二千，矛楯二千。修治攻具，砥砺兵器④，巧手三百人。此举兵军用之大数也。”

武王曰：“允哉！”

注释

①欁𨰉qǐjué：一种大锄头。

②芟shān：割草。

③椓zhuó：捶击。

④砥砺dǐlì：磨刀石，此处指磨快、磨利。

译文

“砍伐树木用的大斧，重八斤，柄长三尺以上，共三百把。名为欁𨰉的大锄，刃宽六寸，柄长五尺以上，共三百把。名叫铜筑固的大锤，长五尺以上，共三百把。名为鹰爪方胸的铁耙，柄长七尺以上，共三百把。名为方胸的铁叉，柄长七尺以上，共三百把。名为方胸的双钗铁叉，柄长七尺以上，共三百把。割草用的大镰，柄长七尺以上，共三百把。名为大橹刀的割草工具，重八斤，柄长六尺，共三百把。带环的铁橛，长三尺以上，共三百个。锤钉子用的大铁锤，重五斤，柄长二尺以上，共一百二十把。军队万人，需装备强弩六千张，戟和大盾两千套，矛和盾两千套，以及修理作战器具和制造兵器的能工巧匠共三百人。以上就是举兵作战按一万人计算所需要的装备器材的大概数目。”

武王说：“您说得真是太对了！”

三阵

武王问太公曰："凡用兵为天阵、地阵、人阵[①]，奈何？"

太公曰："日月、星辰、斗杓[②]，一左一右，一向一背[③]，此谓天阵；丘陵水泉，亦有前后左右之利，此谓地阵；用车用马，用文用武，此谓人阵。"

武王曰："善哉！"

注释

①天阵：依据天象布列阵势。地阵：按照地形布列阵势。人阵：根据人事布列阵势。

②斗杓biāo：即北斗斗柄，亦即今天所称大熊星座中后三颗星。

③一向一背：指一前一后，也指一正一反。古人根据不同时节星辰的指向来判断吉凶。

译文

武王问太公说："用兵作战时所设的所谓天阵、地阵、人阵，是怎么回事？"

太公回答说："根据日月、星辰、北斗星斗柄的指向来布阵，就是所谓的天阵；利用丘陵水泽等地形条件来布阵，就是所谓的地阵；根据所使用的是车兵还是骑兵，是文臣智谋还是武将勇力来布阵，就是所谓的人阵。”

武王说：“您说得太好了！”

疾战

武王问太公曰："敌人围我，断我前后，绝我粮道，为之奈何？"

太公曰："此天下之困兵也[①]。暴用之则胜[②]，徐用之则败。如此者，为四武冲阵[③]，以武车骁骑惊乱其军而疾击之[④]，可以横行。"

注释

①困兵：处于困难处境的军队。

②暴：突然，迅猛。

③四武冲阵：四面都用战车部队进行警戒的阵形。

④武车：兵车。骁骑：勇猛的骑兵。

译文

武王问太公道："如果敌人从四面包围了我军，切断我军与外界的联系，截断我军的粮道，在这种情况下应该怎么办？"

太公答道："这是天下处于困境的军队。在这种情况下，急速突围就能胜利，行动迟疑就会失败。突围的方法是，把部队布成四面都有警戒的四武冲阵战斗队形，使用强大的战车和骁勇的骑兵，扰乱震慑敌军，使其陷入混乱，然后迅速突击，这样就可以横行无阻地突围出去了。"

武王曰："若已出围地，欲因以为胜，为之奈何？"

太公曰："左军疾左，右军疾右，无与敌人争道，中军迭前迭后。敌人虽众，其将可走。"

译文

武王问："如果我军已成功地突出重围，还想乘机击败敌军，又该怎么办呢？"

太公答道："应当以我左军迅速向敌左翼发起攻击，以我右军迅速向敌右翼发起攻击，不要和敌人争夺道路以免分散兵力，同时以我中军向敌轮番攻击，或攻打其前军，或包抄其后军。这样，敌军虽多，也能将其打败。"

必出

武王问太公曰："引兵深入诸侯之地[①]，敌人四合而围我，断我归道，绝我粮食。敌人既众，粮食甚多，险阻又固。我欲必出，为之奈何？"

太公曰："必出之道，器械为宝，勇斗为首。审知敌人空虚之地，无人之处，可以必出。将士人持玄旗[②]，操器械，设衔枚[③]，夜出。勇力、飞足、冒将之士居前[④]，平垒为军开道[⑤]，材士强弩为伏兵居后，弱卒车骑居中。阵毕徐行，慎无惊骇[⑥]。以武冲扶胥前后拒守，武翼大橹以备左右[⑦]，敌人若惊，勇力、冒将之士疾击而前，弱卒车骑以属其后[⑧]，材士强弩隐伏而处。审候敌人追我，伏兵疾击其后，多其火鼓[⑨]，若从地出，若从天下[⑩]。三军勇斗，莫我能御[⑪]。"

注释

①诸侯：古时对中央政权所分封的各国国君的统称。此处指敌对国家。

②玄旗：黑色的旗帜。

③衔枚：古时行军时让士兵在口中含竹片或木片，以防止喧哗，泄露军事行动。

④飞足：疾速行走。冒将：冒着生命危险冲锋的士兵。

⑤平垒：攻占敌军营垒。

⑥慎：表示告诫，意思为“千万”。

⑦武翼大橹：一种进行防卫作战的战车。

⑧属：连接。

⑨火鼓：火把和战鼓。

⑩若从地出，若从天下：形容用兵如神。

⑪莫我能御：即“莫能御我”。御，抵挡、抵抗。

译文

武王问太公说：“统率军队深入敌国境内，敌人从四面包围我军，切断我军的退路，断绝我军的粮道。而敌军数量众多，又粮食充足，并占领了险阻地形，防守坚固。我想突围而出，应该怎么办？”

太公答道：“突出敌人包围的方法，兵器器材至关重要，而奋勇作战则最为首要。仔细查明敌人兵力薄弱之处，无人防守之处，乘虚而击，就可以突出包围。突围的部署是：将士们都拿着黑色的旗帜，手持器械，口中衔枚，乘着黑夜行动。使勇敢有力、行动敏捷、敢于冒险犯难的将士担任先锋，攻占敌人部分营垒，为我大军打开通道；使有技能而勇敢的武士使用强弩，作为伏兵，隐匿在后面进行掩护；让老弱士卒和车骑在中间行进。部署完毕后，逐步行动，谨慎从事，不要惊慌，使用装备有武冲扶胥的战车在前后护卫，用装备有武翼大橹的战车在左右掩护。如果敌军发觉我军的突围行动，我军勇敢有力的先锋部队便迅速发起冲击，向前推进，老弱士卒和车骑随之跟进，有技能而配备有强弩的武士则隐蔽地埋伏起来。当敌人前来追击我军时，我军伏兵就迅速地攻击它的侧后，并大量使用火光、鼓声乱敌耳目，使其感到我军仿佛是从地下冒出，从天上降下，全军奋勇作战，敌人就不能阻止我军的突围了。”

武王曰：“前有大水、广堑、深坑，我欲逾渡，无舟楫之备[①]，敌人屯垒，限我军前，塞我归道，斥堠常戒[②]，险塞尽守，车骑要我前，勇士击我后，为之奈何？”

太公曰：“大水、广堑、深坑，敌人所不守，或能守之，其卒必寡。若此者，以飞江、转关与天潢以济吾军，勇力材士从我所指，冲敌绝阵[③]，皆致其死。先燔吾辎重[④]，烧吾粮食，明告吏士：勇斗则生，不勇则死。已出者，令我踵军设云火远候[⑤]，必依草木、丘墓、险阻，敌人车骑必不敢远追长驱。因以火为记，先出者令至火而止，为四武冲阵。如此，则吾三军皆精锐勇斗，莫我能止。”

武王曰：“善哉！”

注释

①舟楫：泛指船只。

②斥堠：古代探察敌军情报的侦察兵。

③绝阵：冲过敌阵。

④燔fán：焚烧。

⑤踵zhǒng军：跟随而至的军队。云火：烟火，形

容火光高升入云的样子。

译文

武王问："如果前面有大河、宽堑、深坑阻碍，我军要逾越而过，但又没有船只。敌人屯兵筑垒，阻止我军前进，堵截我军退路，其侦察兵又戒备森严，险要地形全被敌人占据把守，敌人的战车、骑兵在前面阻截，勇士又在后面袭击，在这种情况下，应该怎么办？"

太公答道："凡是大河、宽堑、深沟之地，敌人一般是不会设防的。即使设防，兵力也一定不会很多。这样，就可以用飞江、转关和天潢等工具将我军摆渡过去。派遣勇猛的士兵按照指定的方向，冲锋陷阵，拼死战斗。并先焚毁我军的辎重，烧掉我军的粮草，明确告诉全军将士，奋勇作战就能生存，畏缩怯战就是死亡。已经突出重围之后，就让我军前卫部队设置烟火信号，派出远方侦察兵警戒，占领丛林、坟地和险阻地形。这样，敌人的战车和骑兵就必定不敢长驱远追了。设置烟火信号的目的，是为了指示先期突围的部队到有火的地方会合。并布成四面都有警戒的四武冲阵战斗队形，这样，我全军将士都精锐而勇猛战斗，敌人就无法阻止我军了。"

武王说："您说得太好了！"

军略

武王问太公曰："引兵深入诸侯之地，遇深溪大谷险阻之水，吾三军未得毕济，而天暴雨[1]，流水大至，后不得属于前，无舟梁之备[2]，又无水草之资。吾欲毕济，使三军不稽留，为之奈何？"

注释

①暴：骤然而至的大雨。雨yù：下雨。

②梁：桥梁。

译文

武王问太公说："领兵深入敌国境内，遇到深溪大谷和险急的河流，我军尚未完全渡过，忽然天降暴雨，洪水涌来，水位大涨，后面的军队被水隔断，既没有船只、桥梁，又没有堵水用的草料物资。在这种情况下，要使全军渡过河流，使军队不致滞留太久，应当怎么办？"

太公曰："凡帅师将众，虑不先设，器械不备；教不素信，士卒不习[1]。若此，不可以为王者之兵也。凡三军有大事，莫不习用器械，若攻城围邑，则有轒辒、临冲[②]；视城中则有云梯、飞楼[③]；三军行止，则有武冲、大橹，前后拒守；绝道遮街，则有材士强弩卫其两旁[④]；设营垒，则有天罗、武落、行马、蒺藜[⑤]；昼则登云梯远望，立五色旌旗[⑥]；夜则设云火万炬，击雷鼓，振鼙铎[⑦]，吹鸣笳[⑧]；越沟堑，则有飞桥、转关、辘轳、鉏铻；济大水，则有天潢、飞江[⑨]；逆波上流，则有浮海、绝江[⑩]。三军用备，主将何忧？”

注释

①习：练习，熟悉。

②轒辒fényūn：古代用于攻城的一种战车。其形制下设四轮，上蒙以皮革，中可容十人，往来运土填堑。临冲：临车和冲车，都是攻城器械。临车是从上视下的车辆，冲车为冲撞城门的战车。

③云梯：古代攻城时用来攀爬城墙的长梯。飞楼：用以登高观察城中敌情的望楼。

④卫：底本作“冲”，疑误，据他本校改。

⑤武落：即虎落，绳索和木桩。

⑥五色旌旗：即青、白、赤、黄、黑五色旗帜。古代以不同颜色的旗帜来区分军队的组成部分或表示不同的军令。

⑦鼙pí：古代军中的一种小鼓。铎duó：一种古代乐器，用于宣布政教法令。

⑧笳：古代管乐器名。

⑨天潢：大门舟。飞江：小门舟。

⑩浮海、绝江：均为古代的渡河器具。

译文

太公答道："大凡率领军队作战，如果计划不预先考虑周详，器械不事先准备齐全，平时训练没有落实，士卒技术不熟练，就不能算是王者的军队。凡是军队有大的军事行动，没有不训练士兵熟练使用各种器械的。如攻城围邑，就用轒辒、临车和冲车等各种攻城战车；观察城内敌情，就用登高的云梯和瞭望敌人动静的飞楼；三军前进和驻扎，就用武冲、大橹等战车在前后掩护；断绝交通，封锁道路，就用勇敢而有技术的士卒使用强弩控制两侧；设置营垒，就在四周布设天罗、武落、行马、蒺藜等障碍器材；白天就登上云梯瞭望敌情，并设置五色旌旗报告敌情；夜晚就点燃烟火，并击响雷鼓、敲击鼙鼓、摇动大铎、吹响鸣笳，作为指挥信号；跨越沟堑，就用飞桥、转关、辘轳、钽铻等器械；渡越大河，就用天潢、飞江等船只；逆流而行，就用浮海、绝江等器材。三军所需的器材用具都准备齐备，主将还有什么可忧虑的呢？"

临境

武王问太公曰："吾与敌人临境相拒，彼可以来，我可以往，陈皆坚固，莫敢先举。我欲往而袭之，彼亦可来，为之奈何？"

太公曰："兵分三处，令我前军，深沟增垒而无出，列旌旗，击鼙鼓，完为守备；令我后军，多积粮食，无使敌人知我意。发我锐士，潜袭其中，击其不意，攻其无备，敌人不知我情，则止不来矣。"

译文

武王问太公说："我军与敌人在边境上相互对峙。敌人可以前来攻我，我也可以前去攻敌，双方的阵势都很坚固，谁也不敢率先采取行动。我想前去袭击敌人，但又担心敌人前来袭击我军，该怎么办？"

太公答道："在这种情况下，可将我军分为前、中、后三部。令我前军深挖沟堑，高筑壁垒，不要出战。布列旌旗，敲击鼙鼓，做好守卫准备；令我后军多积粮食，不要让敌人探知我军意图。然后，派遣我中军精锐部队偷袭敌军中部，击其不意，攻其不备。敌人无法了解我军情况，就会停止行动，不敢前来进攻了。"

武王曰："敌人知我之情，通我之谋[①]，动而得我事，其锐士伏于深草，要隘路，击我便处[②]，为之奈何？"

太公曰："令我前军，日出挑战，以劳其意；令我老弱，曳柴扬尘[③]，鼓呼而往来[④]。或出其左，或出其右，去敌无过百步，其将必劳，其卒必骇。如此，则敌人不敢来。吾往者不止，或袭其内，或击其外，三军疾战，敌人必败。"

注释

①通：通晓。

②便处：便于攻击之处。

③曳柴扬尘：拖曳柴草树枝奔驰，使尘土飞扬，以迷惑敌人。

④鼓呼：擂鼓呐喊。

译文

武王问道："如果敌军已侦知我军情况，洞察我军企图，我军一旦行动，敌人就会识破，因而派出他的精锐部队埋伏在深草地区，在我军必经的隘路上实施截击，在我军防备不周密的地方发起攻击，该怎么办呢？"

太公回答说："命令我方前军，每天出营向敌人挑战，以疲惫懈怠敌人的斗志；命令我方老弱士卒，拖动树枝，扬起尘土，击鼓呐喊，来回奔跑，以壮声势。向敌人挑战时，我部队或出现在敌人左边，或出现在敌人右边，距离敌人不超过百步。在我军不断骚扰下，敌方将领必定疲于应付，敌方士卒必定震骇恐慌。这样，敌人就不敢前来进攻我军了。我军如此不停地袭扰敌军，或袭击其内部，或攻击其外部，然后，全军疾速地投入战斗，敌人一定会被打败。”

动静

武王问太公曰："引兵深入诸侯之地，与敌之军相当，两阵相望，众寡强弱相等，未敢先举。吾欲令敌人将帅恐惧，士卒心伤，行阵不固，后阵欲走，前阵数顾①，鼓噪而乘之②，敌人遂走，为之奈何？"

太公曰："如此者，发我兵，去寇十里而伏其两旁，车骑百里而越其前后，多其旌旗，益其金鼓。战合，鼓噪而俱起，敌将必恐，其军惊骇，众寡不相救，贵贱不相待，敌军必败。"

注释

①数顾：屡次回头看。此处可理解为动摇。

②鼓噪：擂鼓呐喊。

译文

武王问太公说："率兵深入敌国境内，敌我势均力敌，双方列阵相峙，众寡强弱相等，谁也不敢率先发起进攻。在这种情况下，我想使敌军将帅心怀恐惧，部队士气低落，行阵不能稳固，后阵士兵企图逃跑，前阵动摇不定，我军擂鼓呐喊，乘势击败敌人，以迫使敌人溃败而逃，应该怎么办？"

太公答道："要做到这样，可派遣部队绕到敌后十里的地方，在道路两旁埋伏起来，另派遣战车和骑兵远出百里，对敌军形成前后合围，并命令部队多备旌旗，增设金鼓，在双方战斗发起后，擂鼓呐喊，各军同时向敌人发起进攻。这样，敌军将帅必然恐慌，士兵必然惊骇，以致大小部队互不救援，官兵互不照顾。如此，敌军就必然失败。"

武王曰："敌之地势，不可以伏其两旁，车骑又无以越其前后，敌知我虑，先施其备，吾士卒心伤，将帅恐惧，战则不胜，为之奈何？"

太公曰："微哉！王之问也。如此者，先战五日，发我远候，往视其动静，审候其来，设伏而待之。必于死地，与敌相遇[①]，远我旌旗，疏我行阵[②]，必奔其前，与敌相当。战合而走，击金无止[③]，三里而还，伏兵乃起，或陷其两旁，或击其先后，三军疾战，敌人必走。"

武王曰："善哉！"

注释

①遇：底本作"避"，疑误，据他本校改。

②疏我行阵：疏散我军行阵，给敌人造成我军兵力庞大的错觉。

③击金无止：指不停地击锣发出退兵的命令，诱敌深入。

译文

武王问道："假如敌方所处地势，不便我军在其两旁设伏，我军战车和骑兵又不能迂回到敌人深远后方，而敌人又发觉了我军的行动企图，预先有了充分的准备，我军士兵悲观沮丧，将帅心怀恐惧，与敌交战无法取胜。在这种情况下，应该怎么办？"

太公答道："很微妙啊！君王所问的问题。像这种情况，应当在交战前五天，就先向远方派出侦察兵侦察，窥探敌人动静，察明敌人前来进攻的征兆，预先设下埋伏等待敌人进犯。必须在对敌最不利的地形上同敌军交战。疏散我军旌旗，拉开我军行列的距离，并以与敌人相当的兵力向敌进击，刚一交战便立即撤退，不停发出撤退信号，后退三里后再回头反击，这时伏兵乘机而起，或攻击敌人两侧，或抄袭敌军前后，全军奋力作战，敌人必会败逃。"

武王说："您说得太好了！"

金鼓

武王问太公曰："引兵深入诸侯之地，与敌相当[①]，而天大寒甚暑，日夜霖雨[②]，旬日不止。沟垒悉坏，隘塞不守，斥堠懈怠，士卒不戒。敌人夜来，三军无备，上下惑乱，为之奈何？"

太公曰："凡三军以戒为固，以怠为败。令我垒上，谁何不绝[③]，人执旌旗，外内相望，以号相命[④]，勿令乏音，而皆外向。三千人为一屯[⑤]，诫而约之，各慎其处。敌人若来，视我军之警戒，至而必还。力尽气怠，发我锐士，随而击之。"

注释

①当：对。

②霖雨：连绵的大雨。

③谁何：指以口令相问答。

④以号相命：通过号令互相联络，传达命令。

⑤屯：此处指一个驻军单位。

译文

武王问太公说："率兵深入敌国境内，敌我双方兵力相当，正赶上严寒或酷暑，或者日夜大雨，十天不止，致使沟堑营垒全部毁坏，山险要隘不能守备，侦察哨兵懈怠，士兵疏于戒备，这时，敌人乘夜前来袭击，三军皆无准备，官兵惶惑混乱，对此应该怎么办？”

太公答道：“凡是军队，有戒备就稳固，若懈怠就会失败。命令我军营垒之上，口令问答之声不绝，哨兵手持旗帜，与营垒内外联络，相互传递号令，不要使金鼓之声断绝，士卒都面向敌方，随时准备投入战斗。每三千人编为一屯，严加训诫和约束，使其各自慎重守备。如果敌人前来进犯，看到我军戒备森严，即使逼近我军阵前，也必会惧怕而撤退。这时，我军乘敌人力尽气竭之际，派遣精锐部队紧随敌后进攻敌人。”

武王曰：“敌人知我随之，而伏其锐士，佯北不止①，过伏而还，或击我前，或击我后，或薄我垒②，吾三军大恐，扰乱失次，离其处所，为之奈何？”

太公曰：“分为三队，随而追之，勿越其伏。三队俱至，或击其前后，或陷其两旁，明号审令，疾击而前，敌人必败。”

注释

①佯北：假装战败逃走。

②薄：逼近，此处指发起进攻。

译文

武王问：“敌人探知我军将跟踪追击，于是事先埋伏下精锐部队，然后假装败退不止，当我军进入敌军伏击圈时，敌人就掉转头来配合其伏兵反击。有的攻我前部，有的袭我后部，有的逼近我营垒，从而使我全军大为恐慌，自相惊扰，行列混乱，各自离开自己的守备位置。在这种情况下应该怎么办？”

太公答道：“应该把我军分为三队，分头向敌人跟踪追击，注意不要进入敌人的伏击地区。等三支部队都追上敌人，有的攻击敌人的前后，有的攻击敌人的两侧，并严明号令，使士兵迅速向前进击。这样，敌军必被打败。”

绝道

武王问太公曰："引兵深入诸侯之地，与敌相守，敌人绝我粮道，又越我前后①。吾欲战则不可胜，欲守则不可久，为之奈何？"

太公曰："凡深入敌人之地，必察地之形势，务求便利。依山林、险阻、水泉、林木而为之固；谨守关梁②，又知城邑、丘墓、地形之利。如是，则我军坚固，敌人不能绝我粮道，又不能越我前后。"

注释

①越我前后：指敌人迂回到我军侧后，对我军实施前后夹击。

②关梁：关卡和桥梁。

译文

武王问太公说："领兵深入敌国境内，与敌军对峙相守，这时敌人截断了我军的粮道，又迂回到我军后方，从前后两方面夹击我军。我军想战恐怕不能取胜，要防守又不能坚持很久，这该怎么办？"

太公答道："凡是深入敌国境内作战，必须察明地理形势，务必占据有利地形，依托山林、险阻、水泉、林木以求得阵势的巩固，谨慎守卫关隘桥梁，还要了解城邑、丘墓等有利地形。这样，我军防守就能稳固，敌人既不能截断我军粮道，也不能迂回到我军后方前后夹击我军了。”

武王曰："吾三军过大陵、广泽、平易之地①，吾候望误失，卒与敌人相薄②，以战则不胜，以守则不固，敌人翼我两旁③，越我前后，三军大恐，为之奈何？"

太公曰："凡帅师之法，当先发远候，去敌二百里，审知敌人所在。地势不利，则以武冲为垒而前④，又置两踵军于后，远者百里，近者五十里，即有警急，前后相救。吾三军常完坚，必无毁伤。"

武王曰："善哉！"

注释

①广泽：面积广阔的低洼潮湿之地。

②卒：同"猝"。相薄：互相迫近。此处指狭路相逢、猝然遭遇。

③翼：从两旁包抄。

④冲：底本作"卫"，疑误，据他本校改。

译文

武王问："我军经过高大的山陵、广阔的沼泽地及平坦的地形时，由于我方侦察兵的失误，致使我军突然同敌军遭遇，我军想进攻恐怕不能取胜，要防守又担心不能固守，这时敌人包抄我军两侧，迂回到我军深远后方，我军大为恐慌。在这种情况下，应该怎么办？”

太公答道：“大凡统军作战的方法，应当先向远方派出侦察警戒，在距离敌军二百里时，就需要详细了解敌人所在的位置。如果地形对我军行动不利，就用武冲车结成营垒向前推进，并派两支后卫部队紧随其后，后卫部队和主力的间隔远的为一百里，近的五十里。一旦遇上紧急情况，前后可以互相救援。我军如能经常保持这种完善而坚固的部署，就一定不会遭受伤亡和失败了。”

武王说：“您说得太好了！”

略地

武王问太公曰："战胜深入，略其地[①]，有大城不可下，其别军守险阻[②]，与我相拒，我欲攻城围邑，恐其别军卒至而击我。中外相合[③]，击我表里，三军大乱，上下恐骇，为之奈何？"

太公曰："凡攻城围邑，车骑必远，屯卫警戒[④]，阻其内外。中人绝粮[⑤]，外不得输。城人恐怖[⑥]，其将必降。"

注释

①略：攻取，抢掠。

②别军：指敌方的另一支部队。

③中外：指敌城内守军与城外援军。

④屯卫：驻扎警卫。

⑤中人：指被围困在城内的敌军。

⑥城人：指被围困在城内的军民。

译文

武王问太公说："我军乘胜深入敌国，占领其土地，但还有大的城池未能攻下，而敌人城外另有一支部队固守险要地形与我军相峙。我军想围攻城池，又恐怕其城外部队猝然向我军发起攻击，与城内守军里应外合，对我军形成两面夹击之势，以致我全军大乱，官兵恐慌惊骇。在这种情况下，应该怎么办？”

太公答道：“凡是攻城围邑之时，应把战车、骑兵安置在离城较远的地方，担任守卫和警戒，以阻断敌人内外之间的联系。这样，城内敌人被围困久了必然断粮，而外面的粮食又不能输入。如此，城内就会人心恐慌，守城的敌将必然投降。”

武王曰：“中人绝粮，外不得输，阴为约誓[①]，相与密谋，夜出穷寇死战，其车骑锐士，或冲我内，或击我外，士卒迷惑；三军败乱，为之奈何？”

太公曰：“如此者，当分军为三军，谨视地形而处。审知敌人别军所在，及其大城别堡[②]，为之置遗缺之道，以利其心；谨备勿失。敌人恐惧，不入山林，即归大邑，走其别军。车骑远要其前，勿令遗脱。中人以为先出者得其径道，其练卒材士必出，其老弱独在。车骑深入长驱，敌人之军必莫敢至。慎勿与战，绝其粮道，围而守之，必久其日。无燔人积聚，无坏人宫室，冢树社丛勿伐[③]，降者勿杀，得而勿戮，示之以仁义，施之以厚德。令其士民曰：罪在一人[④]。如此，则天下和服。”

武王曰：“善哉！”

注释

①阴：暗中。

②大城别堡：指被我军所围城池附近的敌国大城邑和堡垒。

③冢树：墓地周围的树木。社丛：社神庙旁的树林。社，古代祭祀神灵的场所。

④罪在一人：指所有的罪责均在敌国君主一人身上，而与普通百姓无关。

译文

武王问："城内敌军断粮，城外粮草又不得输入，这时敌人内外暗中互相联系，秘密谋划向外突围，乘着黑夜出城拼命死战，敌人的车骑精锐有的冲击我军内部，有的进攻我军外部，使我军士卒恐惧惶惑，全军大败混乱，应该怎么办？"

太公答道："遇到这种情况，应把我军分为三部，并根据地形情况审慎安置。详细查明敌人城外部队所在的位置以及附近大城别堡的具体情况，然后为被围敌人留出一条道路，以引诱城内敌军外逃。但应注意严密戒备，不要让敌人跑掉。由于被围敌人惊恐慌乱，因此突围时不是想逃入山林，就是想逃往另一城邑。这时我军应以一部，首先赶走敌人在城外的部队，以另一部车骑精锐在距城较远的地方，阻击敌人突围的先头部队，不要让他们逃脱。在这种形势下，守城敌军就会误以为其先头部队已突围成功，打通了撤退的通道，其精锐士卒就必定会继续出城外逃，只留下一些老弱士卒守城。此时我军用第三部以战车和骑兵长驱直入，插入敌后。如此，敌人守城部队必不敢继续突围。这时我军要格外谨慎，不要急于同敌人交战，只要断绝其粮道，围困敌城，日子一久，敌人必然投降。攻克城邑之后，不要焚烧其仓库的粮食，不要毁坏城内百姓的房屋，不要砍伐坟地的树木和庙祠的丛林，不要杀戮投降的敌军士卒，不要虐待敌方被俘人员。借此向敌国民众表示仁慈，对他们施加恩惠，并向敌国军民宣布：'有罪的只是无道君主一人。'这样，天下就会心悦诚服了。"

武王说："说得太好了！"

火战

武王问太公曰："引兵深入诸侯之地，遇深草蓊秽①，周吾军前后左右，三军行数百里，人马疲倦休止。敌人因天燥疾风之利②，燔吾上风，车骑锐士坚伏吾后。吾三军恐怖，散乱而走，为之奈何？"

太公曰："若此者，则以云梯、飞楼远望左右，谨察前后。见火起，即燔吾前而广延之③，又燔吾后。敌人若至，则引军而却，按黑地而坚处④。敌人之来，犹在吾后，见火起，必还走。吾按黑地而处，强弩材士卫吾左右，又燔吾前后。若此，则敌不能害我。"

注释

①蓊秽wěnghuì：草木茂盛。蓊，茂盛。秽，多草的荒地。

②因：凭借、依靠。

③即燔吾前而广延之：意思是敌人在我军前方放火，我军也在前方适当地点火，以隔断敌之火势，使其烧不到我军。

④黑地：大火烧过之地一片黑色，故称黑地。

译文

武王问太公说："领兵深入敌国境内，遇到茂密的树木草丛围绕在我军前后左右，我军已行军数百里，人困马乏，需要宿营休息。这时，敌人利用天干风疾的有利条件，在我上风口放火，又使其车骑精锐部队埋伏在我军的后面，造成我三军恐怖，散乱逃跑，应该怎么办？"

太公答道："在这种情况下，应该在宿营地竖起云梯、飞楼，登高探察前后左右的情况。发现敌人烧起大火，我军也立即在军前较远的开阔地上放火，扩大火焚面积，同时在我军后面放火，以便烧出一块黑地。敌人若是前来进攻，就把军队撤到这块烧光草木的黑地上坚守。前来进攻的敌人此时落在我军后面，看到火起，必定返身撤走。我军在黑地上布列阵势，以材士强弩掩护左右两翼，并继续放火烧掉我军前后的草地。这样，敌人就不能加害于我军了。"

武王曰："敌人燔吾左右，又燔吾前后，烟覆吾军，其大兵按黑地而起，为之奈何？"

太公曰："若此者，为四武冲阵，强弩翼吾左右，其法无胜亦无负。"

译文

武王又问："敌人既在我军左右放火，又在我军前后放火，以至浓烟覆盖了我军，而敌人的大军突然向我军据守的黑地发起进攻，该怎么办？”

太公答道：“遇上这种情况，应当把我军结成四武冲阵的战斗队形，以强弩护卫左右两翼。这种办法虽然不能取胜，但也不会导致失败。”

垒虚

武王问太公曰："何以知敌垒之虚实，自来自去[①]？"

太公曰："将必上知天道[②]，下知地利[③]，中知人事[④]。登高下望，以观敌之变动。望其垒，则知其虚实；望其士卒，则知其去来。"

注释

①自来自去：指敌人来来去去的行踪。

②天道：天时。

③地利：地势。

④人事：人和。

译文

武王问太公说："怎样才能知道敌人营垒的虚实以及敌军来来去去的调动情况呢？"

太公答道："将帅必须上知天时的逆顺，下知地势地形的险易，中知人事的得失。登上高处向下望，以观察敌情的变化；从远处眺望敌人的营垒，就可知道其内部的虚实；观察敌军士兵的动态，就可知道敌军调动的情况。"

武王曰："何以知之？"

太公曰："听其鼓无音，铎无声，望其垒上多飞鸟而不惊，上无氛气，必知敌诈而为偶人也[1]。敌人卒去不远，未定而复返者，彼用其士卒太疾也[2]。太疾则前后不相次[3]，不相次则行阵必乱。如此者，急出兵击之，以少击众，则必胜矣。"

注释

①偶：指用稻草或土木做成的假人。

②疾：同"急"。

③次：次序，连接。

译文

武王问："怎样才能知道这些事情呢？"

太公答道："听不到敌营的鼓声，也听不到敌营的铃声，远观敌人营垒上有许多飞鸟而没受到惊吓，空中也没有飞扬的尘土，就可知道这必定是座空营，敌人不过是用一些假人欺骗我们。敌人仓促撤退没多远，还没有停下来又急忙返回，这是敌人调动太忙乱的表现。调动太忙乱，前后就没有秩序。没有秩序，行列阵势就必然混乱。在这种情况下，我军可急速出兵进攻，即使是以少击众，也必会取得胜利。"

卷五　豹韬

林战

武王问太公曰："引兵深入诸侯之地，遇大林，与敌分林相拒[①]，吾欲以守则固，以战则胜，为之奈何？"

太公曰："使吾三军分为冲阵[②]，便兵所处[③]，弓弩为表，戟楯为里，斩除草木，极广吾道，以便战所。高置旌旗，谨敕三军[④]，无使敌人知吾之情，是谓林战。林战之法，率吾矛戟，相与为伍。林间木疏，以骑为辅，战车居前，见便则战，不见便则止。林多险阻，必置冲阵，以备前后。三军疾战，敌人虽众，其将可走。更战更息[⑤]，各按其部。是为林战之纪[⑥]。"

注释

①分林：敌我双方各占据一部分森林地带。

②冲阵：即四武冲阵。

③便兵所处：指便于部队进行战斗的处所。

④谨敕chì：严格地约束。

⑤更战更息：轮番作战，轮番休息。

⑥纪：准则，原则。

译文

武王问太公说："率军深入敌国境内，进入林地，与敌人各占森林一部相对峙。我军想要防御就能稳固，进攻就能取胜，应该怎么办？"

太公答道："将我军部署为四武冲阵，配置在便于作战的地方，弓弩布设在外层，戟盾布设在里层，斩除草木，拓宽道路，以便于我军进行战斗。高挂旗帜，严格约束全军，不要让敌人了解我军情况，这就是所说的森林作战。森林作战的方法是，将我军使用矛戟等不同兵器的士兵，混合编组为战斗分队。如果森林中树木稀疏，就以骑兵辅助作战，把战车配置在前面，发现有利时机就战斗，否则就停止。如果森林中多是险阻地形，就必须部署为冲阵队形，以防备敌人攻击我军前后。务必要使全军迅速勇猛地进行战斗，这样，敌人即使人数众多，也会被我军击败逃遁。我军在战斗过程中要轮番作战，轮番休息，各部均按编组行动。这就是森林作战的法则。"

突战

武王问太公曰："敌人深入长驱，侵掠我地，驱我牛马，其三军大至，薄我城下。吾士卒大恐，人民系累[①]，为敌所虏。吾欲以守则固，以战则胜，为之奈何？"

太公曰："如此者，谓之突兵[②]。其牛马必不得食[③]，士卒绝粮，暴击而前。令我远邑别军[④]，选其锐士，疾击其后，审其期日，必会于晦[⑤]，三军疾战，敌人虽众，其将可虏。"

注释

①系累：绑缚、拘禁。

②突兵：担任突击作战任务的部队。

③食sì：喂养。

④远邑别军：指驻扎在远处的另一支部队。

⑤晦：古代称阴历每月的最后一天为晦日。此处指无月光的黑夜。

译文

武王问太公说："敌人长驱直入我国境内，侵掠我土地，抢夺我牛马，敌人大军蜂拥而来，逼近我城下。我军士卒大为恐慌，民众被拘禁成为俘虏。在这种情况下，我想采取防守能够稳固，进行战斗能够取胜，该怎么办？”

太公答道：“像这样的敌军，叫作突袭性的敌军。它的牛马必定缺乏饲料，它的士卒必定会断粮，所以凶猛地向我军发动进攻。在这种情况下，应命令我军驻扎在远方的其他部队，挑选精锐的士兵，迅速袭击敌人的后方，精确计算并确定会攻的时间，务必使其在夜色昏暗时与我军会合，然后全军迅速猛烈地同敌战斗。这样，敌人虽然众多，敌将也可被我军俘虏。”

武王曰：“敌人分为三四，或战而侵掠我地，或止而收我牛马，其大军未尽至，而使寇薄我城下，致吾三军恐惧，为之奈何？”

太公曰：“谨候敌人，未尽至，则设备而待之。去城四里而为垒，金鼓旌旗皆列而张，别队为伏兵。令我垒上多积强弩，百步一突门[①]，门有行马[②]，车骑居外，勇力锐士隐伏而处。敌人若至，使我轻卒合战而佯走，令我城上立旌旗，击鼙鼓，完为守备。敌人以我为守城，必薄我城下，发吾伏兵，以冲其内，或击其外。三军疾战，或击其前，或击其后，勇者不得斗，轻者不及走，名曰突战[③]。敌人虽众，其将必走。”

武王曰：“善哉！”

注释

①突门：在城墙或垒壁上预先开设的便于军队出

击的暗门。一般由城墙内向外挖，外面留四五寸不挖透。部队要出来时，临时将其推倒，突然出击。

②行马：阻挡敌军行进的障碍物。

③突战：突然出击。

译文

武王问："如果敌军分为三四部分，以一部向我发动进攻以侵略我方土地，以一部驻扎以掠夺我牛马财物，其主力部队尚未全部到达，而使一部兵力进逼我城下，致使我全军惊恐，应该怎么办？"

太公答道："应仔细观察敌军情况，在敌人尚未完全到达前，就完善守备，严阵以待。在离城四里的地方构筑营垒，把金鼓旌旗都布列张扬起来，并另派一支部队为伏兵。令我营垒上的部队多备强弩，每百步设置一个可供部队出击的暗门，门前安置拒马等障碍物，战车、骑兵配置在营垒外面，勇锐士卒隐蔽埋伏起来。如果敌人来到，先派我轻装部队与敌交战，假装不敌退走，并令我守军在城上竖立旗帜，敲击鼙鼓，做好充分的防守准备。敌人认为我军主力在防守城邑，因而必然进逼城下。这时我军突然出动伏兵，突入敌军阵内，或攻击敌人外围。再令我全军迅猛出击，勇猛战斗，一部分攻击敌人正面，一部分攻击敌人后方，使敌人勇敢的无法格斗，轻快的来不及逃跑。这种战法称为突战。敌人虽然众多，其将领也必定会战败逃走。"

武王说："太妙了！"

敌强

武王问太公曰："引兵深入诸侯之地，与敌人冲军相当①，敌众我寡，敌强我弱。敌人夜来，或攻吾左，或攻吾右，三军震动。吾欲以战则胜，以守则固。为之奈何？"

太公曰："如此者，谓之震寇②。利以出战，不可以守。选吾材士强弩，车骑为左右，疾击其前，急攻其后，或击其表，或击其里，其卒必乱，其将必骇。"

注释

①冲军：担任突击任务的部队。

②震寇：使我军感到震恐的敌军。指在夜间对我军实施强袭之敌。

译文

武王问太公说："领兵深入敌国境内，与敌军突击部队遭遇，敌众我寡，敌强我弱，而敌人又趁黑夜前来攻击，有的攻我左翼，有的攻我右翼，使我全军震恐。我想进攻能够取胜，防御能够稳固，应该怎么办？"

太公答道："这样的敌人叫作震寇。对付这样的敌人，我军适宜出战，而不适宜防守。应该挑选勇士持强弩，以战车、骑兵为左右两翼，迅猛地攻击敌人正面，急速地攻击敌人侧后。既攻击敌人外围，又攻击敌人内部。这样，敌方士兵必然混乱，敌方将帅必然惊恐骇惧。”

武王曰：“敌人远遮我前，急攻我后，断我锐兵，绝我材士。吾内外不得相闻，三军扰乱，皆败而走，士卒无斗志，将吏无守心，为之奈何？”

太公曰：“明哉！王之问也。当明号审令，出我勇锐冒将之士，人操炬火①，二人同鼓，必知敌人所在，或击其表，或击其里。微号相知②，令之灭火，鼓音皆止，中外相应，期约皆当③，三军疾战，敌必败亡。”

武王曰：“善哉！”

注释

①炬火：火把。

②微号：暗号。

③期：预先约定的时间。

译文

武王问：“如果敌人在远处阻截我军前方，又急速地攻击我军后方，拦阻我精锐部队，阻断我应援的士兵，使我前后方失去联系，以致全军扰乱，散乱逃走，士卒没有斗志，将帅无心固守，应该怎么办？”

太公答道：“君王提出的这个问题很高明啊！在

这种情况下，应该申明号令，出动我勇猛精锐的士兵，每人手持火炬，两人同击一鼓，务必探知敌人的准确位置，然后发起攻击，有的攻击敌人的外部，有的冲击敌人的内部。攻击时，部队都使用暗号，便于互相识别，并扑灭火炬，停止击鼓，之后内外互相策应，各部按预先约定的时间行动，全军迅猛出击，英勇奋战，敌人必然会败退。”

武王说：“太好了！”

敌武

武王问太公曰："引兵深入诸侯之地，卒遇敌人，甚众且武。武车骁骑，绕我左右，吾三军皆震，走不可止，为之奈何？"

太公曰："如此者，谓之败兵。善者以胜[①]，不善者以亡。"

注释

①善者：此指善于用兵打仗的人。

译文

武王问太公说："领兵深入敌国境内，突然与敌遭遇，敌军兵力众多而且勇猛，并以武冲大战车和骁勇的骑兵包围我军左右两翼。我军上下震恐，纷纷逃跑，不能阻止。对此应该怎么办？"

太公答道："这种情况叫作败兵。善于用兵的人，可以因此而取胜；不善于用兵的人，会因此而败亡。"

武王曰："用之奈何？"

太公曰："伏我材士强弩，武车骁骑，为之左右，常去前后三里。敌人逐我，发我车骑，冲其左右。

如此，则敌人扰乱，吾走者自止。”

译文

武王问：“面对这种局面应该采取什么办法呢？”

太公答道：“应该埋伏勇士强弩，并把战车和骁勇的骑兵配置在左右两翼，伏击地点一般放在距离我军主力前后约三里的地方。敌人如果前来追击，就出动我军的战车和骑兵，冲击敌人的左右两侧，这样，敌军就会陷于混乱，我军逃跑的士卒就会自动停止逃跑。”

武王曰：“敌人与我车骑相当，敌众我少，敌强我弱，其来整治精锐[①]，吾阵不敢当[②]，为之奈何？”

太公曰：“选我材士强弩，伏于左右，车骑坚阵而处，敌人过我伏兵，积弩射其左右[③]，车骑锐兵疾击其军，或击其前，或击其后。敌人虽众，其将必走。”

武王曰：“善哉！”

注释

①整治：整肃严明。

②不敢当：难以匹敌，无法抵挡。

③积弩：集中弓弩。

译文

武王问：“敌我双方的战车和骑兵相对峙，敌众我寡，敌强我弱。敌人前来进攻，阵势整齐，士卒精锐。我军难以抵挡，应该怎么办？”

太公答道：“在这种情况下，应挑选我军的持弩勇士，埋伏在左右两侧，并把战车和骑兵布成坚固的阵势进行防守。当敌人经过我军埋伏的地方时，就用密集的强弩射击敌人的左右两翼，并出动战车和骑兵以及勇锐士卒猛烈地攻击敌军，有的攻击敌人的正面，有的攻击敌人的侧后。这样，敌人虽然众多，也必定会被打败逃走。”

武王说：“说得太好了！”

鸟云山兵

武王问太公曰："引兵深入诸侯之地，遇高山磐石[①]，其上亭亭[②]，无有草木，四面受敌，吾三军恐惧，士卒迷惑。吾欲以守则固，以战则胜，为之奈何？"

太公曰："凡三军处山之高，则为敌所栖[③]；处山之下，则为敌所囚[④]。既以被山而处[⑤]，必为鸟云之阵[⑥]。鸟云之阵，阴阳皆备。或屯其阴，或屯其阳。处山之阳，备山之阴；处山之阴，备山之阳；处山之左，备山之右；处山之右，备山之左。其山敌所能陵者[⑦]，兵备其表，衢道通谷，绝以武车，高置旌旗，谨敕三军，无使敌人知我之情，是谓山城。行列已定，士卒已阵，法令已行，奇正已设，各置冲阵于山之表，便兵所处，乃分车骑为鸟云之阵。三军疾战，敌人虽众，其将可擒。"

注释

①磐石：巨石。

②亭亭：山峰高耸的样子。

③栖：鸟类歇宿于树上。此指为敌所逼而不能下山。

④囚：囚禁，围困。

⑤被：覆盖。

⑥鸟云之阵：如鸟雀之聚散无常，如行云之流动不定的阵形。

⑦陵：攀登。

译文

武王问太公说：“领兵深入敌国境内，遇到高山巨石，山峰高耸，没有草木，我军四面受敌，全军上下因而恐惧，士兵迷惑惶乱。我要想进行防守就能稳固，实施进攻就能取胜，应该怎么办？”

太公答道：“凡是把军队安置在山顶之上，就容易被敌人隔绝孤立；凡是把军队安置在山脚下，就容易被敌人围困囚禁。既然是在山地环境中作战，就必须布成鸟云之阵，所谓鸟云之阵，就是对山南山北各个方面都要戒备。军队有的驻守山的北面，有的驻守山的南面。驻扎在山的南面，要同时防守山的北面；驻扎在山的北面，要同时防守山的南面；驻扎在山的左面，要同时防守山的右面；驻扎在山的右面，要同时防守山的左面。凡是敌人所能攀登的地方，都要派兵守备，交通要道和能通行的谷地要用战车加以阻绝。高挂旗帜，以便联络；整饬三军，严阵以待，不要让敌人察知我军情况，这就是以山为城。部队的行列已经排定，士卒已经列阵，法令已经颁行，奇正的阵法已经确定，各部队都编成冲阵，安置在比较突出的高地上便于作战的地方。然后把战车和骑兵布成鸟云之阵。这样，当敌来攻时，我全军迅猛作战，敌军虽多，必被打败，其将领也可被擒获。”

鸟云泽兵

武王问太公曰："引兵深入诸侯之地，与敌人临水相拒，敌富而众，我贫而寡，逾水击之则不能前，欲久其日则粮食少。吾居斥卤之地[①]，四旁无邑，又无草木，三军无所掠取，牛马无所刍牧[②]，为之奈何？"

太公曰："三军无备，牛马无食，士卒无粮，如此者，索便诈敌而亟去之[③]，设伏兵于后。"

注释

①斥卤之地：盐碱地。此处指荒芜贫瘠之地。斥，碱。卤，盐。

②刍牧：割草放牧。

③亟去：迅速离去。

译文

武王问太公说："领兵深入敌国境内，与敌军隔水对峙，敌人资财富足，兵力众多，而我军却资财贫乏，兵力寡少。我想渡水进攻，却无力前进；我想与敌长期对峙，又缺乏粮食。而且我军处于荒芜贫瘠的盐碱地带，附近既没有城邑又没有草木，军队无处可以掠取物资，牛马无处可以放牧，这种情况应该怎么办？"

太公答道："军队没有战备，牛马没有草料，士卒没有粮食，在这种情况下，应当司机欺骗敌人，然后迅速撤离，并在后面设置伏兵，以阻击敌人的追击。"

武王曰："敌不可得而诈，吾士卒迷惑，敌人越我前后，吾三军败乱而走，为之奈何？"

太公曰："求途之道，金玉为主①。必因敌使，精微为宝②。"

注释

①金玉为主：以金玉财宝作为欺诱敌人的主要手段。

②精微为宝：指谋划或行动时，把精细隐秘作为成功的关键。

译文

武王问："如果敌人不受我军诈骗，我军士卒惶惑恐惧，敌人包抄我军前后，我全军溃退败逃，应该怎么办？"

太公答道："此时寻求出路的方法，主要是用金银财宝引诱敌人前来掠夺，同时贿赂敌方使者，事情要做得精细隐秘，不使敌人察觉。"

武王曰："敌人知我伏兵，大军不肯济，别将分队，以逾于水，吾三军大恐，为之奈何？"

太公曰："如此者，分为冲陈，便兵所处，须其毕出[①]，发我伏兵，疾击其后，强弩两旁，射其左右。车骑分为鸟云之阵，备其前后，三军疾战。敌人见我战合[②]，其大军必济水而来，发我伏兵，疾击其后，车骑冲其左右，敌人虽众，其将可走。凡用兵之大要，当敌临战，必置冲阵，便兵所处，然后以车骑分为鸟云之阵，此用兵之奇也。所谓鸟云者，鸟散而云合，变化无穷者也。"

武王曰："善哉！"

注释

①须：等待，等到。

②战合：开始交战。

译文

武王问："敌人已探知我方设有伏兵，大军不肯渡河，只派一支小分队渡河向我进攻，我全军震恐，应该怎么办？"

太公答道："在这种情况下，我军应部署为四武冲阵，配置在便于作战的地方，待敌军小分队全部渡河后，出动我方伏兵，猛烈攻击敌人侧后，强弩从两旁射击敌人左右。同时把我军战车和骑兵布列为鸟云之阵，戒备前后，使全军勇猛作战。敌人发现我军与它的小部队交战，其主力军必会渡河前来。这时就发动我军的伏兵，猛烈攻击敌军侧后，并用战车和骑兵冲击敌军两翼，这样敌军虽然人数众多，定会被打败，其将领也必然逃走。大凡用兵，其要领是，当与敌对阵作战时，必须把军队布列为冲阵，配置在便于作战的地方，然后再把战车和骑兵布成鸟云之阵，这就是出奇制胜的方法。所谓鸟云之阵，就是像鸟散云合那样布阵，机动灵活，变化无穷。”

武王说：“太妙了！”

少众

武王问太公曰："吾欲以少击众，以弱击强，为之奈何？"

太公曰："以少击众者，必以日之暮，伏以深草，要之隘路①；以弱击强者，必得大国之与②，邻国之助。"

注释

①隘路：狭窄的道路。

②之：底本作"而"，疑误，据他本校改。与：援助。

译文

武王问太公说："我想要以少击众，以弱击强，应该怎么办呢？"

太公答道："要以少击众，必须要在日暮时，把军队埋伏在深草丛生的地带，在险隘的道路上截击敌人。要以弱击强，必须得到大国的协助和邻国的支援。"

武王曰："我无深草，又无隘路，敌人已至，不适日暮，我无大国之与，又无邻国之助，为之奈何？”

太公曰：“妄张诈诱，以荧惑其将[①]；迂其道，令过深草；远其路，令会日暮。前行未渡水，后行未及舍，发我伏兵，疾击其左右，车骑扰乱其前后。敌人虽众，其将可走。事大国之君，下邻国之士，厚其币，卑其辞。如此，则得大国之与，邻国之助矣！”

武王曰：“善哉！”

注释

①荧惑：迷惑。

译文

武王问：“如果我军所处之地没有深草地带可供设伏，又没有险隘道路可以利用，敌军到达时，又不在日暮时分，并且我方既没有大国的协助，也没有邻国的支援，又该怎么办呢？”

太公答道：“应采用虚张声势、引诱诈骗手段迷惑敌将，诱使敌人迂回前行，使其经过深草地带；引诱敌人绕走远路，延误时间，直到日暮之时。乘敌人先锋部队尚未全部渡水，后续部队还未宿营时，发动我伏击部队，迅速猛烈地攻击敌人的两翼，并令我战车和骑兵扰乱敌人的前后。这样，敌人虽然众多，也会被我军打败。同时要恭敬侍奉大国的君主，礼遇下交邻国的贤士，多送钱财，言辞谦逊，这样就能够得到大国的支持和邻国的援助了。”

武王说：“您说得太好了！”

分险

武王问太公曰："引兵深入诸侯之地，与敌人相遇于险厄之中[①]。吾左山而右水，敌右山而左水，与我分险相拒。各欲以守则固，以战则胜，为之奈何？"

太公曰："处山之左，急备山之右；处山之右，急备山之左。险有大水无舟楫者，以天潢济吾三军；已济者，亟广吾道，以便战所。以武冲为前后，列其强弩，令行阵皆固。衢道谷口[②]，以武冲绝之。高置旌旗，是谓车城[③]。凡险战之法[④]，以武冲为前，大橹为卫，材士强弩翼吾左右。三千人为屯，必置冲阵，便兵所处。左军以左，右军以右，中军以中，并攻而前。已战者还归屯所，更战更息，必胜乃已。"

武王曰："善哉！"

注释

①厄：险隘。

②衢道：分岔道。

③车城：联结战车而构筑起来的营寨。

④险战：险要地带的战斗。

译文

武王问太公说：“引兵深入敌国境内，同敌人在狭隘险阻的地方遭遇。我军所处的地形是左依山右临水，敌军所处的地形是右依山左临水，双方各据险要，相互对峙。在这种情况下，我想要进行防守就能稳固，进行进攻就能胜利，应该怎么办？”

太公答道：“当我军处于山的左侧时，应迅速戒备山的右侧；处于山的右侧时，应迅速戒备山的左侧。险要地区的大江大河，如没有船只可以利用，就应用天潢等浮渡器材帮助我军渡过江河。已经渡过江河的先头部队，要迅速开辟前进道路，抢占有利地形，以便主力跟进。要用武冲战车护卫我军前后，布列强弩，以使我军行列和阵形稳固。对交通要道和山谷的谷口，要用武冲战车加以阻绝，并高挂旌旗，这样就构成了一座用战车连接起来的车城。大凡险要地带作战的方法是，把武冲战车配置在前，以大盾牌为防护，用勇士强弩护卫我左右两翼。每三千人为一屯，编成冲锋阵形，配置在便于作战的地形上。战斗时，左军用于对付敌军左翼，右军用于对付敌军右翼，中军用于对付敌军中央，三军并肩攻击，向前推进。已战的部队回到原屯驻之处休整，未战的依次投入战斗，轮番作战，轮番休息，直到取得胜利为止。”

武王说：“太妙了！”

卷六　犬韬

分合

武王问太公曰："王者帅师，三军分为数处，将欲期会合战[①]，约誓赏罚[②]，为之奈何？"

太公曰："凡用兵之法，三军之众，必有分合之变[③]。其大将先定战地、战日，然后移檄书与诸将吏[④]，期攻城围邑，各会其所，明告战日，漏刻有时[⑤]。大将设营而阵，立表辕门，清道而待。诸将吏至者，校其先后，先期至者赏，后期至者斩。如此，则远近奔集，三军俱至，并力合战。"

注释

①期会合战：约定时间地点，会合军队与敌交战。

②约誓：作战前集合军队，申明作战目的、原因，严明军纪，告诫将士。

③分合之变：军队分兵行进并按期会合的战术变化。

④檄书：古代官府用以征召、晓谕或声讨的文书。

⑤漏刻有时：指规定军队到达的时间。漏刻，古代的一种计时器。

译文

武王问太公说："君王率兵出征，三军兵分几路行进，主将想要按期集结军队同敌人交战，并号令全军官兵，明定赏罚制度，应该怎么办？"

太公答道："一般用兵的方法，由于三军人数众多，必然有分头行进和会合对敌等作战部署上的变化。主将要预先确定作战的地点和日期，然后将战斗文书下达给诸部将官，明确规定要攻打和包围的城邑及各军集结的地点，明确规定作战的日期及各军到达的时间。然后，主将提前到达集结地点设置营垒，布列阵势，在营门竖立标杆以观测日影，计算时间，清扫道路阻碍，等待各路将吏报到。各部将吏到达时，要核实其到达的先后次序，先期到达的给予奖励，过期到达的杀头示众。这样，各部不论远近，都会按期赶至集结地点。三军全部到达后，就能集中力量与敌交战了。"

武锋

武王问太公曰："凡用兵之要，必有武车、骁骑、驰阵选锋[①]，见可则击之。如何而可击？"

太公曰："夫欲击者，当审察敌人十四变[②]。变见则击之，敌人必败。"

注释

①选锋：敢死队，突击队。

②变：变故。此处指对敌方不利的情况。

译文

武王问太公说："用兵的重要原则是，必须有强大的战车和骁勇的骑兵，能够冲锋陷阵的突击部队，发现敌人有可乘之机就发起进攻。那么，究竟什么样的时机可以发起进攻呢？"

太公答道："要进攻敌人，应当详细察明不利于敌人的十四种情况。这些情况一旦出现，就可以发起进攻，敌人一定会被打败。"

武王曰："十四变可得闻乎？"

太公曰："敌人新集，可击；人马未食，可击；天时不顺，可击；地形未得，可击；奔走，可击；

不戒，可击；疲劳，可击；将离士卒，可击；涉长路，可击；济水，可击；不暇①，可击；阻难狭路，可击；乱行，可击；心怖，可击。”

注释

①不暇：指慌乱的状况。

译文

武王问：“您可以把这十四种对敌方不利的情况讲给我听听吗？”

太公答道：“敌人刚刚集结而立足未稳时可以发起进攻，敌人人马没有进食而饥饿时可以发起进攻，天气季节对敌人不利时可以发起进攻，地形对敌人不利时可以发起进攻，敌人仓促奔走行军时可以发起进攻，敌人没有戒备时可以发起进攻，敌人疲惫倦怠时可以发起进攻，敌军将领离开士卒而无人指挥时可以发起进攻，敌人长途跋涉时可以发起进攻，敌军渡河时可以发起进攻，敌军忙乱不堪时可以发起进攻，敌军通过险阻隘路时可以发起进攻，敌人行列散乱不整时可以发起进攻，敌人军心慌乱畏惧时可以发起进攻。”

练士

武王问太公曰："练士之道奈何①？"

太公曰："军中有大勇、敢死、乐伤者，聚为一卒②，名为冒刃之士③；有锐气、壮勇、强暴者，聚为一卒，名曰陷阵之士；有奇表长剑、接武齐列者④，聚为一卒，名曰勇锐之士；有拔距伸钩⑤、强梁多力⑥、溃破金鼓、绝灭旌旗者，聚为一卒，名曰勇力之士；有逾高绝远、轻足善走者，聚为一卒，名曰寇兵之士⑦；有王臣失势，欲复见功者，聚为一卒，名曰死斗之士；有死将之人子弟，欲为其将报仇者，聚为一卒，名曰敢死之士；有赘婿人虏⑧，欲掩迹扬名者，聚为一卒，名曰励钝之士⑨；有贫穷愤怒、欲快其心者，聚为一卒，名曰必死之士；有胥靡免罪之人⑩，欲逃其耻者，聚为一卒，名曰幸用之士；有材技兼人⑪，能负重致远者，聚为一卒，名曰待命之士。此军之练士，不可不察也。"

注释

①练士之道：挑选士卒的方法。练，同"拣"，挑选、选择。

②卒：古代军事编制，一般百人为卒。此处可理解为“队”。

③冒刃：敢于冒险。刃，刀口、刀锋，喻指危险。

④接武：前后足迹相连接。这里指步伐整齐稳健。武，足迹。

⑤拔距：古代运动、习武的一种游戏，类似现在的拔河。伸钩：把弯钩拉直。

⑥强梁：强悍、强横。

⑦寇兵：即像盗贼一样出没无常的军队。

⑧赘婿：男子入赘到女家。古人认为这是一种耻辱。

⑨励钝：激励迟钝萎靡之人，使他振作起来。

⑩胥靡：囚犯、刑徒。

⑪兼人：超过常人。

译文

武王问太公说：“选编士卒的办法是什么？”

太公答道：“把军队中勇气超人、不怕牺牲、不怕负伤的人，编为一队，称作冒刃之士；把锐气旺盛、健壮勇敢、强横威猛的人，编为一队，称作陷阵之士；把体态奇异、善用长剑、步履稳健、行动整齐的，编为一队，称作勇锐之士；把臂力过人能拉直铁钩、强壮有力能冲入敌阵毁坏敌人金鼓、撕折敌人旗帜的人，编为一队，称作勇力之士；把能翻越高山，行走远路、行动敏捷善走的人，编为一队，称作寇兵之士；把失势的贵族大臣而想重建功勋的人，编为一队，称作死斗之士；把阵亡将帅的子弟，急于为自己父兄报仇的人，编为一队，称作敢死之士；把曾入赘为婿和当过敌人俘虏，想要扬名遮丑的人，编为一队，称作励钝之士；把因贫穷而愤怒不满，想要立功受赏而达到富足心愿的人，编为一队，称作必死之士；把免罪刑徒，想要掩盖自己耻辱的人，编为一队，称作幸用之士；把才技超人，能任重致远的人，编为一队，称作待命之士。这就是军中选编士卒的方法，不可不仔细考察。”

教战

武王问太公曰："合三军之众，欲令士卒服习教战之道奈何①？"

太公曰："凡领三军，必有金鼓之节②，所以整齐士众者也。将必先明告吏士，申之以三令，以教操兵起居③，旌旗指麾之变法④。故教吏士，使一人学战，教成，合之十人；十人学战，教成，合之百人；百人学战，教成，合之千人；千人学战，教成，合之万人；万人学战，教成，合之三军之众；大战之法，教成，合之百万之众。故能成其大兵，立威于天下。"

武王曰："善哉！"

注释

①服习：学习和熟悉。

②节：节制，指挥。

③操兵起居：操持兵器，练习各种战斗动作。操兵，使用兵器。起居，指坐、站、进、退、分、合等动作。

④麾：同"挥"，指挥。

译文

武王问太公说："集合全军将士，要使士卒学习和熟练掌握战斗技能，应该怎么办？”

太公答道：“凡是统率三军，必须用金鼓来指挥号令，这是为了使全军的行动整齐划一。将帅必须首先明确告诉官兵应该怎样操练，并且要反复申明、讲解清楚，然后再训练他们操练兵器，熟悉战斗动作，以及按照各种旗帜信号的变化而行动的方法。所以，训练士兵时，要先进行单兵训练，单兵训练完成后，再十人合练；十人学习战法，训练完成后，再百人合练；百人学习战法，训练完成后，再千人合练；千人学习战法，训练完成后，再万人合练；万人学习战法，训练完成后，再三军合练；三军学习战法，训练完成后，再进行百万大军的合练。这样，就能训练出强大的军队，立威无敌于天下。”

武王说：“您说得太好了！”

均兵

武王问太公曰："以车与步卒战，一车当几步卒？几步卒当一车？以骑与步卒战，一骑当几步卒？几步卒当一骑？以车与骑战，一车当几骑？几骑当一车？"

太公曰："车者，军之羽翼也①，所以陷坚阵，要强敌②，遮走北也；骑者，军之伺候也③，所以踵败军④，绝粮道⑤，击便寇也⑥。故车骑不敌战⑦，则一骑不能当步卒一人。三军之众成阵而相当，则易战之法⑧：一车当步卒八十人，八十人当一车；一骑当步卒八人，八人当一骑；一车当十骑，十骑当一车。险战之法：一车当步卒四十人，四十人当一车；一骑当步卒四人，四人当一骑；一车当六骑，六骑当一车。夫车骑者，军之武兵也。十乘败千人，百乘败万人。十骑败百人；百骑走千人，此其大数也。"

注释

①军之羽翼：意为战车对于军队来说，好比鸟的翅膀，是用来增强战斗力的。

②要：同"腰"，半路截击。

③军之伺候：意为骑兵如同侦察人员一样，是窥探敌情、乘敌之隙的。

④踵：跟踪追击。

⑤绝：截断。

⑥便寇：指敌人的机动部队。

⑦车骑不敌战：指战车和骑兵的使用不适宜，或编配不恰当。

⑧易战：在平坦的地形作战。

译文

武王问太公说：“用战车同敌军步兵作战，一辆战车能抵挡几名步兵？几名步兵能抵挡一辆战车？用骑兵同敌军步兵作战，一名骑兵能抵挡几名步兵？几名步兵能抵抗一名骑兵？用战车同敌军骑兵作战，一辆战车能抵挡几名骑兵？几名骑兵能抵挡一辆战车？”

太公回答道：“战车，犹如军队的羽翼，是用来攻坚陷阵、截击强敌、断敌退路的；骑兵，犹如军队的眼睛，可以用来追踪溃逃之敌，切断敌人粮道，袭击散乱流窜的敌人。因此，如果战车和骑兵的运用不恰当，在战斗中一名骑兵还抵不上一名步兵。全军布列成阵，车、骑、步兵配合得当，那么在平坦地形上作战的法则是：一辆战车可抵挡步兵八十人，八十名步兵可抵挡一辆战车；一名骑兵可抵挡步兵八人，八名步兵可抵挡一名骑兵；一辆战车可抵挡骑兵十人，十名骑兵可抵挡一辆战车。在险隘地形上作战的法则是：一辆战车可抵挡步兵四十人，四十名步兵可抵挡一辆战车；一名骑兵可抵挡步兵四人，四名步兵可抵挡骑兵一人；一辆战车可抵挡骑兵六人，六名骑兵可抵挡战车一辆。战车和骑兵，是军队中最具有威力的战斗力量，十辆战车可击败敌人上千名，百辆战车可击败敌人上万名。十名骑兵可击败敌人上百名，百名骑兵可击败敌人上千名，这就是大概的数字。”

武王曰：“车骑之吏数与阵法[1]，奈何？”

太公曰：“置车之吏数，五车一长，十车一吏，五十车一率[2]，百车一将。易战之法，五车为列，相去四十步，左右十步，队间六十步。险战之法，车必循道[3]，十车为聚[4]，二十车为屯，前后相去二十步，左右六步，队间三十六步。五车一长，纵横相去二里，各返故道。置骑之吏数，五骑一长，十骑一吏，百骑一率，二百骑一将。易战之法，五骑为列，前后相去二十步，左右四步，队间五十步。险战之法，前后相去十步，左右二步，队间二十五步。三十骑为一屯，六十骑为一辈[5]，十骑一吏，纵横相去百步，周环各复故处。”

武王曰：“善哉！”

注释

①吏数：军吏的数量。

②率：车兵的一级单位。

③循：遵循。

④聚：与下文的“屯”，均是车兵的一种战斗编组。

⑤辈：骑兵的一种战斗编组。

译文

武王问："战车和骑兵的军官数量和作战方法应该怎样设置？"

太公答道："战车应配置的军官数量是，五辆战车设一长，十辆战车设一吏，五十辆战车设一率，百辆战车设一将。在平坦地形上作战的方法是，五辆战车为一列，每列前后相距四十步，每辆左右间隔为十步，各队间的距离为六十步。在险隘地形上作战的方法是，战车必须沿着道路前进，十辆战车为一聚，二十辆战车为一屯。车与车前后距离二十步，左右间隔六步。各队间的距离为三十六步。五辆战车设一长，活动范围前后左右各二里，战车撤出战斗后仍沿原路返回。骑兵应配置的军官数量是，五名骑兵设一长，十名骑兵设一吏，百名骑兵设一率，二百名骑兵设一将。在平坦地形上作战的方法是，五骑为一列，每列前后相距二十步，每骑左右间隔四步，各队之间的距离为五十步。在险阻地形上作战的方法是，每列前后相距十步，左右间隔两步，各队间距离为二十五步。三十名骑兵为一屯，六十名骑兵为一辈，每十名骑兵设一吏，活动范围前后左右各百步，撤出战斗后各自返回原位置。"

武王说："说得太好了！"

武车士

武王问太公曰："选车士[①]，奈何？"

太公曰："选车士之法，取年四十以下，长七尺五寸以上；走能逐奔马，及驰而乘之；前后、左右、上下周旋，能束缚旌旗，力能彀八石弩[②]，射前后左右皆便习者。名曰武车之士，不可不厚也。"

注释

①车士：指乘车作战的武士。

②彀gòu：拉满弓弩。八石弩：即拉力为九百六十斤的强弩。石，古代计量单位，一百二十斤为一石。

译文

武王问太公说："选拔乘车作战的武士的方法是怎样的？"

太公答道："选拔乘车作战的武士的标准是：选取年龄在四十岁以下，身高七尺五寸以上的；跑起来能追得上奔马，能在奔驰中跳上战车；并能在战车上前后、左右、上下灵活应战，能执掌旌旗，还能拉满八石强弩，熟练地向左右、前后射箭的人。这种人称为武车之士，不能不重视他们。"

武骑士

武王问太公曰："选骑士[1]，奈何？"

太公曰："选骑士之法，取年四十以下，长七尺五寸以上；壮健捷疾，超绝伦等[2]；能驰骑彀射，前后、左右，周旋进退；越沟堑，登丘陵，冒险阻，绝大泽[3]，驰强敌[4]，乱大众者。名曰武骑之士，不可不厚也。"

注释

①骑士：骑马作战的武士。

②超绝伦等：身怀绝技，本领远远超过一般人。

③绝：横渡。泽：聚水的洼地或河流。

④驰：追赶，追逐。

译文

武王问太公说："选拔骑士的方法是怎样的？"

太公答道："选拔骑士的标准是，选取年龄在四十岁以下，身高在七尺五寸以上；身强力壮，行动敏捷，本领超人；能骑马疾驰并在马上张弓射箭，能在前后、左右各个方向进退自如；能策马越过沟堑，登上丘陵，冲过险阻，横渡大水，追逐强敌，打乱众多敌人的人。这种人称为武骑之士，对他们不能不重视。"

战车

武王问太公曰："战车奈何？"

太公曰："步贵知变动，车贵知地形，骑贵知别径奇道①，三军同名而异用也。凡车之死地有十②，胜地有八③。"

注释

①别径奇道：岔道捷径。

②死地：不利的地形、情况。

③胜地：有利的情况、处境。

译文

武王问太公说："战车的作战方法是什么呢？"

太公答道："步兵作战贵在熟知情况变化，战车作战贵在熟悉地形，骑兵作战贵在熟悉岔道捷径。车、步、骑都是作战部队，只是用途有所不同。战车作战有十种不利情况，也有八种有利的情况。"

武王曰："十死之地奈何？"

太公曰："往而无以还者，车之死地也；越绝险阻，乘敌远行者，车之竭地也；前易后险者，车之困地也；陷之险阻而难出者，车之绝地也；圮下渐泽[①]、黑土黏埴者[②]，车之劳地也；左险右易，上陵仰阪者[③]，车之逆地也；殷草横亩[④]，犯历深泽者，车之拂地也[⑤]；车少地易，与步不敌者，车之败地也；后有沟渎，左有深水，右有峻阪者，车之坏地也；日夜霖雨，旬日不止，道路溃陷，前不能进，后不能解者[⑥]，车之陷地也。此十者，车之死地也。故拙将之所以见擒，明将之所以能避也。"

注释

①圮pǐ下渐泽：毁塌积水的洼地。圮，毁塌。渐，浸水。泽，洼地。

②黏埴：泥泞的黏土。

③仰阪：迎着山坡。阪，山坡。

④殷：茂盛，茂密。

⑤拂：违背。引申为不利。

⑥解：脱离困境。

译文

武王问："十种不利情形是哪些？"

太公答道："能前进而不能退回的，就是战车的死地；逾越险阻、远途追逐敌人的，就是战车的竭地；前方平坦易行，后面险阻难通的，就是战车的困地；陷于险阻而难以脱离的，就是战车的绝地；毁塌积水的黏土地带，就是战车的劳地；左面险阻右面平坦，又要上山爬坡的，就是战车的逆地；野草遍地，还要渡过深水的，就是战车的拂地；战车数量少，地形平坦，战车与步兵又配合不当的，就是战车的败地；后有沟渠，左有深水，右有高坡，就是战车的坏地；昼夜大雨，十多天不停，道路毁坏，前不能进，后不能退的，就是战车的陷地。这十种地形都是战车的不利状况。所以愚笨的将领由于不了解这十种状况的危害而失败被擒，英明的将领由于能避开这十种状况而取得胜利。"

武王曰："八胜之地奈何？"

太公曰："敌之前后行阵未定，即陷之；旌旗扰乱，人马数动，即陷之；士卒或前或后，或左或右，即陷之；阵不坚固，士卒前后相顾，即陷之；前往而疑，后恐而怯，即陷之；三军卒惊，皆薄而起，即陷之；战于易地，暮不能解，即陷之；远行而暮舍，三军恐惧，即陷之。此八者，车之胜地也。将明于十害八胜，敌虽围周，千乘万骑，前驱旁驰，万战必胜。"

武王曰："善哉！"

译文

武王问："八种有利的情况是哪些？"

太公答道："敌军前后行阵不定，就用战车乘机攻破它；敌人旌旗紊乱，人马不断调动，就用战车乘机攻破它；敌方士卒有的向前，有的退后，有的往左，有的往右，就用战车乘机攻破它；敌人阵势不稳，士兵前后观望，就用战车乘机攻破它；敌人前进时犹疑不定，后退时恐惧害怕，就用战车乘机攻破它；敌人全军突然惊乱，挤作一团，就用战车乘机攻破它；敌人在平坦地形上与我交战，直到日暮时还未结束战斗，就用战车乘机攻破它；敌人长途跋涉，至天黑才宿营，三军恐慌不安，就用战车乘机攻破它。这八种情况就是对战车作战有利的情况。将帅知道了上述战车作战的十种不利情况和八种有利情况，即使敌人把我军四面包围，用千车万骑向我军正面进攻，两侧突击，我军也能每战必胜。”

武王说：“说得太好了！”

战骑

武王问太公曰："战骑奈何？"

太公曰："骑有十胜九败。"

译文

武王问太公说："骑兵的战法应该是怎样的？"

太公答道："骑兵作战有十种可以取胜的方法，九种易导致失败的情况。"

武王曰："十胜，奈何？"

太公曰："敌人始至，行阵未定，前后不属，陷其前骑，击其左右，敌人必走；敌人行阵整齐坚固，士卒欲斗，吾骑翼而勿去，或驰而往，或驰而来，其疾如风，其暴如雷，白昼而昏，数更旌旗，变易衣服，其军可克；敌人行阵不固，士卒不斗，薄其前后，猎其左右[①]，翼而击之，敌人必惧；敌人暮欲归舍，三军恐骇，翼其两旁，疾击其后，薄其垒口[②]，无使得入，敌人必败；敌人无险阻保固，深入长驱，绝其粮道，敌人必饥；地平而易，四面见敌，车骑陷之，敌人必乱；敌人奔走，士卒散乱，或翼其两旁，或掩其前后，其将可擒；敌人暮返，其兵甚众，其行阵必乱，令我骑十而为队[3]，百而为屯，车五而为聚，十而为群，多设旌旗，杂以强弩，或击其两旁，或绝其前后，敌将可虏。此骑之十胜也。”

注释

①猎：打猎，此处指袭击。

②垒口：营垒的出入口。

③队：与下文的屯、聚、群，均为古代骑兵部队的战斗编组。

译文

武王问：“十种可以取胜的方法是什么呢？”

太公答道：“敌人刚到，行列阵势还未稳定，前后不相衔接，我军立即用骑兵进攻敌先锋部队，夹击其两翼，敌人必然溃逃；敌人行列阵势整齐坚固，士兵斗志昂扬，我骑兵应缠住敌人两翼不放，时而奔驰过去，时而奔驰回来，快捷如风，迅猛如雷，从白天战至黄昏，不断更换旗帜，改变服装，使敌人惊恐迷惑，就能够打败敌人；敌人行阵不稳，士卒没有斗志，就用骑兵进逼敌人的前后方，袭击其左右，夹击其两翼，敌人必然震恐；敌人日暮回营，军心惶恐，就用骑兵夹击其两翼，急速袭击其后尾，逼近其营垒的出入口，阻止其进入营垒，敌人必然失败；敌人没有险阻地势可以固守，我骑兵应长驱深入，切断敌人粮道，敌人必然陷入饥饿；敌人处于平坦地带，四面都易遭受攻击，我军用骑兵协同战车攻击它，敌人必然溃乱；敌人败逃，士卒散乱，我骑兵或从两翼夹击，或从前后袭击，敌军将帅就可被擒获；敌人日暮返回营垒，人数众多，队形一定混乱，就令我骑兵十人为一队，百人为一屯，战车五辆为一聚，十辆为一群，多插旗帜，配备强弩，或夹击其两翼，或截断其前后，敌人将帅就可被俘获。这就是骑兵作战十种取胜的战机。”

武王曰：“九败，奈何？”

太公曰：“凡以骑陷敌，而不能破阵，敌人佯走，以车骑反击我后，此骑之败地也；追北逾险，长驱不止，敌人伏我两旁，又绝我后，此骑之围地也；往而无以返，入而无以出，是谓陷于天井，顿于地穴[①]，此骑之死地也；所从入者隘，所从出者远，彼弱可以击我强，彼寡可以击我众，此骑之没地也；大涧深谷，翳荟林木，此骑之竭地也；左右有水，前有大阜，后有高山，三军战于两水之间，敌居表里[②]，此骑之艰地也；敌人绝我粮道，往而无以返，此骑之困地也；污下沮泽[③]，进退渐洳[④]，此骑之患地也；左有深沟，右有坑阜[⑤]，高下如平地，进退诱敌，此骑之陷地也。此九者，骑之死地也。明将之所以远避，闇将之所以陷败也[⑥]。”

注释

①地穴：地之下陷者。

②表里：内外有利的地形。

③沮jǔ泽：水草聚集的地方，即沼泽地。

④渐洳jiānrù：低湿地带。
⑤坑阜：指地形凹凸不平。坑，凹陷地。阜，土山。
⑥闇àn：昏昧、昏庸。

译文

武王问："那九种失败的情形是什么呢？"

太公答道："凡是用骑兵攻击敌人而未能攻破敌阵，敌人佯装逃跑而用战车和骑兵反攻我后方，这就是骑兵作战的败地；追击败逃之敌，越过险阻，长驱深入而不停止，敌人埋伏在我军左右两侧，又截断我军后路，这就是骑兵作战的围地；前进后不能退回，进入敌方而不能出来，这叫作陷入天井之内，困于地穴之中，这就是骑兵作战的死地；前进的道路狭窄，退归的道路迂远，敌军可以弱击强，以少击多，这就是骑兵作战的没地；大涧深谷，林木茂密，行动困难，这就是骑兵作战的竭地；左右两边有水，前面有大山，后面有高岭，我军在两水之间同敌作战，敌人内外都处于有利地形，这就是骑兵作战的艰地；敌人断我后方粮道，我军只能前进而不能撤退，这就是骑兵作战的困地；低洼泥泞，沼泽遍布，进退困难，这就是骑兵作战的患地；左有深沟，右有坑洼土山，从高处往下看似平地，进退都会招致敌人袭击，这就是骑兵作战的陷地。上述九种情况都是骑兵作战的死地，明智的将帅会竭力避开，昏庸的将领则不知回避而陷于失败。"

战步

武王问太公曰："步兵与车骑战，奈何？"

太公曰："步兵与车骑战者，必依丘陵险阻，长兵强弩居前，短兵弱弩居后，更发更止，敌之车骑虽众而至，坚阵疾战，材士强弩，以备我后。"

译文

武王问太公说："用步兵与战车、骑兵作战，该怎么办呢？"

太公答道："步兵与战车、骑兵作战，必须凭借丘陵、险阻的地形列阵，把长兵器和强弩配置在前面，把短兵器和弱弩配置在后面，轮流作战，交替休整。敌人战车和骑兵大量到达时，我方即坚守阵地，顽强战斗，并派勇士持强弩戒备后方。"

武王曰："吾无丘陵，又无险阻，敌人之至，既众且武，车骑翼我两旁，猎我前后，吾三军恐怖，乱败而走，为之奈何？"

太公曰："令我士卒为行马、木蒺藜，置牛马队伍，为四武冲阵。望敌车骑将来，均置蒺藜，掘地匝后[1]，广深五尺，名曰命笼[2]。人操行马进退[3]，阑车以为垒[4]，推而前后，立而为屯[5]，材士强弩，备我左右。然后令我三军，皆疾战而不解[6]。”

武王曰：“善哉！”

注释

①掘地匝后：指在四周开挖壕沟。

②命笼：沟堑、障碍物等构成的环形防御体系。

③进退：底本为“进步”，疑误。今据他本校改。

④阑：阻挡，阻拦。

⑤屯：营寨，军屯。

⑥解：同“懈”，松懈。

译文

武王说：“我军既无丘陵又无险阻地形可以依托，敌军既人数众多又勇武严整，战车骑兵夹击我两翼，突袭我前后，致使我全军恐惧，溃败逃跑，应该怎么办？”

太公答道：“命令我军士兵准备行马和木蒺藜等障碍器材，把牛马集中编在一起，步兵结成四武冲阵。望见敌战车骑兵即将到来，就在我军周围广泛布设蒺藜，并挖掘环形壕沟，宽深各五尺，叫作命笼。步兵带着行马进退，用车辆连接成营垒，推着它前后行进，停下来时即成营寨。用材士强弩戒备左右，然后号令我全军迅猛作战，不得懈怠。”

武王说：“说得太好了！”

鬼谷子

捭阖

粤若稽古[1]，圣人之在天地间也，为众生之先[2]。观阴阳之开阖以命物[3]，知存亡之门户[4]，筹策万类之终始[5]，达人心之理，见变化之朕焉[6]，而守司其门户。故圣人之在天下也，自古至今，其道一也。变化无穷，各有所归，或阴或阳，或柔或刚，或开或闭，或弛或张。

注释

①粤若：句首语助词，起引起下文的作用。稽：考察。

②先：先知。

③命物：辨别、分析事物。

④存亡之门户：生死兴亡的关键。门户：房屋的出入口，此处比喻事物的关键。

⑤筹策：筹划，计算。

⑥朕：征兆。

译文

纵观古今历史，圣人生活在天地间，就是要成为众人的先导。他们通过观察阴阳开启与关闭的变化来对事物作出判断，并进一步了解事物生死存亡的关键，计算和预测事物发生发展的过程，通晓人们思想变化的规律，揭示事物变化的征兆，从而把握事物发展变化的关键。所以，圣人在天地间的作用始终是一样的。事物的变化是无穷无尽的，然而都各有自己的归宿，或者属阴，或者归阳；或者柔弱，或者刚强；或者开放，或者封闭；或者松弛，或者紧张。

是故圣人一守司其门户，审察其所先后，度权量能①，校其伎巧短长②。夫贤、不肖、智、愚、勇、怯，有差，乃可捭③，乃可阖④；乃可进，乃可退；乃可贱，乃可贵；无为以牧之⑤。审定有无与其实虚，随其嗜欲以见其志意⑥，微排其所言而捭反之，以求其实，实得其指⑦。阖而捭之，以求其利。或开而示之，或阖而闭之。开而示之者，同其情也；阖而闭之者，异其诚也。可与不可，明审其计谋，以原其同异⑧。离合有守，先从其志。

注释

①度权：揣度权谋。量能：估量才能。

②校：比较。

③捭：分。

④阖：合。

⑤无为：指道家顺应自然变化规律的思想。牧：处理，管理。

⑥见：同“现”，显露。

⑦指：宗旨。

⑧原：探究。

译文

所以，圣人要始终把握事物发展变化的关键，详细审察事物变化的先后顺序，度量对方的智谋，揣测对方的能力，再比较技巧方面的长处和短处。至于贤良和不肖，聪明和愚蠢，勇敢和怯懦，都是有区别的。根据这些，可开放，也可封闭；可进益，也可倒退；可轻视，也可敬重，要靠无为来掌握这些。考察他们的有无与虚实，通过对他们嗜好和欲望的分析来了解他们的志向和意愿。适当贬抑对方所说的话，当他们放开以后再反复考察，以便探察实情，切实把握对方言行的宗旨，让对方先封闭而后开放，以便抓住有利时机。或者开放，使之显现；或者封闭，使之隐藏。开放使其显现，是因为情趣相同；封闭使之隐藏，是因为诚意不同。要区分什么可行、什么不可行，就要把对方那些计谋研究明白，察知计谋与自己的异同之处，必须坚持自己的主见，也要注意跟踪对方的思想活动。

即欲捭之贵周[①]，即欲阖之贵密。周密之贵微[②]，而与道相追[③]。捭之者，料其情也[④]。阖之者，结其诚也[⑤]。皆见其权衡轻重，乃为之度数，圣人因而为之虑。其不中权衡度数，圣人因而自为之虑。故捭者，或捭而出之，或捭而内之[⑥]。阖者，或阖而取之，或捭而去之。捭阖者，天地之道。捭阖者，以变动阴阳，四时开闭，以化万物。纵横、反出、反覆、反忤[⑦]，必由此矣。

注释

①周：周密，周全。

②微：精妙，微妙。

③追：接近，贴近。

④情：情形，情况。

⑤结：结交。

⑥内：通“纳”，接纳。

⑦忤：忤逆，抵触。

译文

如果要采取开启之法，最重要的是要考虑周全；如果要采取封闭之法，最重要的是严守机密。由此可见周全与保密的重要，应当谨慎地遵循这些规律。让对方开启，是为了探察他的真情；让对方封闭，是为了坚定他的诚心。所有这些都是为了使对方的实力和计谋全部暴露出来，以便探测出对方的谋划程度和数量，圣人会因此而思索。假如不能探测出对方的谋划程度和数量，圣人会为此而焦虑。故而，所谓的开启要么是展示出去，要么是接纳进来。封闭，或者是通过封闭来获取，或者是通过封闭来放弃。开启和封闭是世界上各种事物发展变化的规律。开启和封闭都是为了使事物内部对立的各方面发生变化，通过四季交替使万物发展变化。世间万物的纵横交杂、反复出入、互相抵触，都必须通过开启或封闭来实现。

捭阖者，道之大化，说之变也。必豫审其变化[①]。口者，心之门户也。心者，神之主也。志意、喜欲、思虑、智谋，此皆由门户出入，故关之以捭阖，制之以出入。捭之者，开也，言也，阳也。阖之者，闭也，谋也[②]，阴也。阴阳其和，终始其义[③]。故言长生、安乐、富贵、尊荣、显名、爱好、财利、得意、喜欲为“阳”，曰“始”。故言死亡、忧患、贫贱、苦辱、弃损、亡利、失意、有害、刑戮、诛罚为“阴”，曰“终”。诸言法阳之类者，皆曰“始”，言善以始其事；诸言法阴之类者[④]，皆曰“终”，言恶以终其谋。

注释

①豫审：预先审查。豫，预先。审，审查。

②谋：一作“默”，缄默。

③义：适宜，适合。

④诸言：各种言论。

译文

开启和封闭是万物运行的一种规律，也是游说活动的一种形态。人们必须预先考察这种变化。口是心灵的门户，心灵是精神的主宰。意志、情欲、思想和智谋都要由这个门户出入。因此，用开启和封闭来把守这个关口，以控制出入。所谓“捭”，就是开启、发言、公开；所谓“阖”，就是封闭、缄默、隐匿。阴阳两方相谐调，开启与封闭才始终是适宜有度的。所以说长生、安乐、富贵、尊荣、显名、嗜好、财货、得意、爱欲等属于“阳”一类的事物，叫作“开始”。而死亡、忧患、贫贱、羞辱、毁弃、失利、失意、灾害、刑戮、诛罚等属于“阴”一类的事物，叫作“终止”。凡是那些遵循“阳道”的一派，都可以称作“始”，他们以谈论“善”来开始游说；凡是那些遵循“阴道”的一派，都可以称作“终”，他们以谈论“恶”来贯穿其整个计谋。

捭阖之道，以阴阳试之①。故与阳言者依崇高，与阴言者依卑小。以下求小，以高求大。由此言之，无所不出，无所不入，无所不可。可以说人，可以说家，可以说国，可以说天下。为小无内，为大无外。益损、去就、倍反，皆以阴阳御其事。阳动而行，阴止而藏；阳动而出，阴随而入。阳还终始，阴极反阳②。以阳动者，德相生也；以阴静者，形相成也。以阳求阴，苞以德也；以阴结阳，施以力也。阴阳相求，由捭阖也。此天地阴阳之道，而说人之法也。为万事之先，是谓“圆方之门户”。

注释

①以阴阳试之：以阴阳之道施行。阴，指处于阴势而内心消极的人。阳，指处于阳势而内心积极的人。

②反：通“返”，返回。

译文

捭阖之术的运用，要从阴阳两方面来施行。因此，向遵循阳道的人游说应依崇高原则，向遵循阴道的人游说应依卑下原则。用卑下来求索微小，以崇高来求索博大。由此看来，没有什么不能抛弃，没有什么不能收容，没有什么人不能说服。用这个道理，可以说服一人，可以说服一家，可以说服一国，可以说服天下。要做小事的时候没有“内”的界限；要做大事的时候没有“外”的疆界。所有的损害和补益，离去和接近，背叛和归附等行为，都可以运用阴、阳的变化来驾驭。阳的方面，运动、前进；阴的方面，静止、隐藏。阳的方面，通过活动显出；阴的方面，通过静止而潜藏。阳的方面，发展到极点就变成了阴；阴的方面，到了极点就归为阳。凡是凭阳气行动的人，德就与之相生；凡是凭阴气而静止的人，形就会凝聚而成。用阳气来追求阴气，要靠道德来包容；用阴气来结纳阳气，要用外力来约束。阴阳之气相伴相随，是依据开启和关闭的原则。这是天地阴阳之道，又是游说人的方法，是万事万物的先导，因而被称为“天地万物运行的门户”。

反应

古之大化者[1]，乃与无形俱生。反以观往，覆以验来；反以知古，覆以知今；反以知彼，覆以知已[2]。动静虚实之理，不合来今[3]，反古而求之。事有反而得覆者，圣人之意也，不可不察。

注释

①化：教化。

②覆：通“复”，反复。

③合：适用，适合。来今：未来与现在。

译文

古代能够教化万物的圣人，其所作所为都能与无形的大道相吻合。反顾以追溯既往，回首以察验未来；反顾以考察历史，回首以检验现在；反顾以洞察对方，回首以认识自我。动静、虚实的原则，如果在未来和现在都得不到应用，那就要到历史中去探寻原因。有些事情是要反复探索才能把握的，这是圣人的见解，不可不详加审察。

人言者，动也。己默者，静也。因其言，听其辞。言有不合者，反而求之[1]，其应必出[2]。

言有象[3]，事有比[4]。其有象比，以观其次。象者，象其事。比者，比其辞也。以无形求有声[5]。其钓语合事[6]，得人实也。若张罝网而取兽也[7]。多张其会而司之[8]，道合其事，彼自出之，此钓人之网也。常持其网驱之，其言无比，乃为之变，以象动之，以报其心，见其情，随而牧之。己反往，彼覆来，言有象比，因而定基。重之袭之，反之复之，万事不失其辞。圣人所诱愚智，事皆不疑。

注释

①反而求之：用相反的态度探寻它的真相。

②应：反应。

③象：征兆。

④比：比拟。

⑤无形：微妙的道理。有声：表达出来的言辞。

⑥钓语合事：像投诱饵钓鱼一样，引诱对方说出实情。

⑦罝jū：泛指捕鸟兽的网。

⑧司：同“伺”，探察。

译文

别人说话，是动；自己缄默不语，是静。要根据别人的言谈来推断其内在的含义。如果其言辞有矛盾之处，就反复诘问，对方就必然会有所应对。

语言有可模拟的形态叫“象”，事物有可类比的规范叫“比”。既有“象”与“比”存在，就可预见其下一步的言行。所谓“象”就是模仿事物，所谓“比”，就是类比言辞。可以用无形的象道来探求有声的言辞。引诱对方说出言辞，如果与事实相符合，就刺探到对方的实情。这就像张开网捕猎野兽一样，要多设一些网，聚集在一起来等待野兽落网。如果把捕野兽的这个办法应用到人事上，那么对方自然会流露实情，这就是引诱人说话的“网”。但是，如果经常拿着“网”去追逐对方，其言辞就不再有什么变化，这时就要改变方法，用“象”来使对方感动，进而考察对方的思想，使其暴露出实情，进而控制对手。自己反推过去，对方回应过来，将所说的话比较类推，心里就有了底数。与对手一再反推回应，反反复复，所有的事情都可以通过说话反映出来。圣人以此诱导愚者和智者，澄清一切疑惑。

古善反听者，乃变鬼神以得其情[①]。其变当也，而牧之审也[②]。牧之不审，得情不明。得情不明，定基不审。变象比，必有反辞，以还听之。欲闻其声反默，欲张反敛，欲高反下，欲取反与。欲开情者，象而比之，以牧其辞。同声相呼，实理同归。或因此，或因彼，或以事上，或以牧下。此听真伪[③]，知同异，得其情诈也。动作言默，与此出入，喜怒由此以见其式[④]，皆以先定为之法则。以反求复，观其所托。故用此者，己欲平静以听其辞，察其事，论万物，别雄雌。虽非其事，见微知类。若探人而居其内，量其能射其意也。

符应不失[5]，如螣蛇之所指[6]，若羿之引矢[7]。

注释

①变鬼神：如同鬼神般灵活多变。

②审：审慎。

③听真伪：辨别事情的真伪。

④式：样式。

⑤符：古代用以调兵的凭证，通常是朝廷和领兵的将领各持一半。

⑥螣téng蛇：古代传说中一种会飞的蛇。

⑦羿yì：古代神话中的人物，又称后羿，善射箭。民间有“后羿射日”的传说。引矢：拉弓射箭。

译文

古代善于从反面听别人言论的人，可以用鬼神般灵活多变的手段，刺探到实情。他们随机应变很得当，对对手的控制也很恰当。如果控制不恰当，得到的情况就不明了，得到的情况不明了，心里就没有把握。要把模仿和类比灵活运用，就要说反话，以便观察对方的反应。想要听别人讲话，自己反而先沉默；想要敞开，反而先收敛；想要升高，反而先下降；想要获取，反而先给予。要想了解对方的内情，就要善于运用模仿和类比的方法，以便把握对方言辞的含义。同类的声音可以彼此响应，合乎实际的道理会有共同的结果。或者由于这个原因，或者由于那个原因；或者用以侍奉君主，或者用以管理下属。

这就要分辨真伪，了解异同，以判断是实情还是诡诈。活动、停止、说话、沉默都要由此表现出来，喜怒哀乐也都要呈现为相应的样子，都要事先确定好。通过反推求得对方的回应，观察对方实情所托。所以用这种方法，自己要先平静，以便听取对方的言辞，考察事理，论说万物，辨别雄雌。即使不能探知事情本身，也可以根据轻微的征兆，探索出同类的大事。就像刺探敌情而深入敌境一般，要首先估计敌人的能力，再摸清敌人的意图，像验合符契一样可靠，像螣蛇一样迅速，像后羿张弓射箭一样准确。

故知之始己[①]，自知而后知人也。其相知也，若比目之鱼[②]。其伺言也，若声之与响；其见形也，若光之与影也；其察言也，不失若磁石之取针，舌之取燔骨[③]。其与人也微，其见情也疾；如阴与阳，如阳与阴；如圆与方，如方与圆。未见形圆以道之，既见形方以事之。进退左右，以是司之。己不先定，牧人不正，事用不巧，是谓“忘情失道”。己审先定以牧人，策而无形容，莫见其门，是谓“天神”[④]。

注释

①知之始己：以自知作为开始。

②比目之鱼：即比目鱼。这里是比喻人与人之间的相知，就像比目鱼之间的相随。

③燔 fán：焚烧。

④天神：比喻像天神一样圣明的人。

译文

所以要想了解外界情况，要先从了解自己开始，只有了解自己，然后才能了解别人。这样，对别人的了解，就如比目鱼一样没有距离；掌握对方的言论，就如声音与回响一样相符；明了对方的情形，就如光和影子一样不走样；考察对方的言辞是否失当，就如用磁石来吸取钢针、用舌头来获取焦骨上的肉一样万无一失。自己暴露给对方的微乎其微，而侦察对手的行动却十分迅速。就像阴变阳、阳转阴，又像圆变方、方转圆一样自如。在情况还未明朗以前就用圆来诱惑对手，在情况明朗以后就要用方略来战胜对方。无论是向前，还是向后，无论是向左，还是向右，都可用这个方法来对待。如果自己不事先确定策略，统帅别人也无法步调一致，做事没有技巧，叫作“不顾实情而违背大道”。自己首先确定斗争策略，再以此来统领众人，就不会暴露意图，旁人看不到门道所在，这就可以称作“像天神一样圣明”。

内楗

君臣上下之事，有远而亲[①]，近而疏[②]；就之不用，去之反求；日进前而不御[③]，遥闻声而相思。事皆有内楗[④]，素结本始[⑤]。或结以道德，或结以党友，或结以财货，或结以采色[⑥]。用其意，欲入则入，欲出则出；欲亲则亲，欲疏则疏；欲就则就；欲去则去；欲求则求，欲思则思。若蚨母之从子也[⑦]；出无间[⑧]，入无朕。独往独来，莫之能止[⑨]。

注释

①远而亲：指与君主距离很远但关系亲密而又志同道合的人。

②近而疏：指与君主距离很近但关系疏远且曲意逢迎的人。

③御：用。

④内楗：本文指以言辞和谋略游说国君。内，入。楗，门闩。

⑤素结本始：此处指君臣之间关系的契合。素，平常。本，根本。

⑥采色：美色。

⑦蚨fú母：青蚨，土蜘蛛。

⑧间：间隙。

⑨莫之能止：即莫能止之。

译文

君臣上下之间，有的距离很远关系却很亲密，有的距离很近关系却很疏远。有的在身边却不被任用，有的在离去以后还受聘请。有的天天都能到君主眼前却不被信任，有的距离君主十分遥远却闻其名而思慕。凡事都有采纳和建议两方面，平常的东西都与本源相联结，或者靠道德相联结，或者靠朋党相联结，或者靠财物相联结，或者靠美色相联结。要想推行自己的主张，就要做到想进来就进来，想出去就出去；想亲近就亲近，想疏远就疏远；想接近就接近，想离去就离去；想被聘用就被聘用，想被惦念就被惦念。就好像母蜘蛛保护小蜘蛛一样，出来时不留痕迹，进去时不留标记，独自前往，独自返回，没有谁能够阻止它。

内者，进说辞也①。楗者，楗所谋也。故远而亲者，有阴德也②。近而疏者，志不合也。就而不用者，策不得也③。去而反求者，事中来也。日进前而不御者，施不合也。遥闻声而相思者，合于谋待决事也。故曰:不见其类而为之者,见逆。不得其情而说之者，见非。得其情乃制其术，此用可出可入，可楗可开。

注释

①进：采纳。

②阴德：指心意暗合。

③得：适用。

译文

所谓“内”就是采纳意见，所谓“楗”就是固守计策。所以说，和君主相距很远却被亲近的人，是因为能与君主的想法相符；和君主距离很近却被疏远的人，是因为与君主的意见相左；投靠君主却不被重用的人，是因为计谋不适用；离开后却被再召回的人，是因为他的主张被后来的事实证明是可行的；每天都出入在君主面前，却不被信任的人，是因为他的主张和措施不当；距离君主遥远却被君主惦记的人，是因为他的主张与决策相合，君主等待他来决断事情。所以说，情况不明了，君臣不相合，却非要去做，必然会遭到拒绝。不了解具体情况就去说，就必然会招致非议。所以，只有了解真实情况，才能掌握内楗之术，如此加以使用，就可以自由出入，就可开启也可固守了。

故圣人立事，以此先知而楗万物。由夫道德、仁义、礼乐、忠信、计谋，先取《诗》《书》，混说损益，议论去就。欲合者用内，欲去者用外。外内者，必明道数①。揣策来事，见疑决之。策无失计，立功建德，治名入产业，曰楗而内合。上暗不治，下乱不寤②，楗而反之。内自得而外不留说③，而飞之④。若命自来，己迎而御之。若欲去之，因危与之。环转因化，莫知所为，退为大仪⑤。

注释

①道数：道理方法。

②寤：通“悟”，通晓事理。

③留说：采纳他人的言论。

④飞：称赞，褒奖。

⑤仪：原则。

译文

圣人立身处世，都以自己的先见之明来了解事物进而掌握万物。他们从道德、仁义、礼乐、忠信、计谋出发，首先采用《诗经》和《尚书》中的教诲来验证自己的观点，再加以减少或增加，最后讨论是否用于世。要想与人合作，就要把力量用在内部，要想离开现职，就要将力量用在外面。处理内外大事必须明确理论和方法，要预测未来的事情，就要善于在各种疑难问题面前临机决断。在运用策略时不失误，不断建立功业和积累德政，善于管理人民，使他们从事生产，这叫作“计谋与内情相合”。如果君主昏庸不理国家政务，臣下纷乱不明事理，这叫作“计谋与内情不合”。君主自鸣得意，不采纳别人的意见，那就以褒奖他的方式（使他改变）。在这种情况下，如果朝廷诏命自己，就按照命令去行事。如果要离开，就乘乱离开。就像圆环旋转往复一样灵活顺应事情的发展变化，使旁人不知道你想要干什么，在这种情况下，全身而退是最好的办法。

抵巇

物有自然，事有合离。有近而不可见，有远而可知。近而不可见者，不察其辞也；远而可知者，反往以验来也。巇者，罅也[1]。罅者，涧也。涧者，成大隙也。巇始有朕，可抵而塞，可抵而却，可抵而息，可抵而匿，可抵而得，此谓抵巇之理也[2]。

注释

①罅xià：裂缝。

②抵巇xì：堵塞有缺漏的地方。抵，抵塞。巇，缝隙，裂痕。

译文

万物都有规律存在，任何事情都有聚合与分离。有时彼此距离很近，却互相不了解；有时距离很远，却彼此熟悉。距离近却互相不了解，是因为没有互相考察言辞；距离远却能彼此熟悉，是因为经常往来，互相体察。所谓“巇”，就是“罅”。“罅”就是容器的裂缝，裂缝会由小变大。在裂缝刚刚出现时，可以通过“抵”使其闭塞，可以通过“抵”使其停止，可以通过“抵”使其变小，可以通过“抵”使其消失，可以通过“抵”而重得器物。这就是“抵巇”的原理。

事之危也[1]，圣人知之，独保其身。因化说事，通达计谋，以识细微。经起秋毫之末[2]，挥之于太山之本[3]。其施外，兆萌芽蘖之谋[4]，皆由抵巇。抵巇之隙，为道术用。

注释

①危：危机。

②秋毫：指秋天鸟兽身上新长的细毛，用来比喻极细微的事物。

③太山：即泰山。

④兆萌芽蘖：形容奸邪小人。

译文

当事物刚出现危机之时，只有圣人才能知道，而且能单独保全它的功用。按着事物的变化来分析事理，了解各种计谋，以便观察对手的细微举动。万事万物在开始时都像秋毫之末一样微小，一旦发展起来就像泰山的根基一样宏大。当圣人将政令向外推行时，奸佞小人的一切阴谋诡计，都会被排斥。因此，抵巇就可以作为一种道术来使用。

天下分错[1]，上无明主；公侯无道德，则小人谗贼[2]；贤人不用，圣人窜匿[3]；贪利诈伪者作，君臣相惑，土崩瓦解而相伐射[4]。父子离散，乖乱反目，是谓“萌芽巇罅”。圣人见萌牙巇罅，则抵之以法。世可以治，则抵而塞之；不可治，则抵而得之；或抵如此，或抵如彼；或抵反之，或抵覆之。五帝之政⑤，抵而塞之；三王之事⑥，抵而得之。诸侯相抵，不可胜数，当此之时，能抵为右⑦。

注释

①分错：形容分裂混乱的形势。

②谗贼：指伤害好人。伤良是为谗，害良是为贼。

③窜匿：逃跑藏匿。

④伐射：攻伐。

⑤五帝：中国古代的五位帝王，历来说法不一，通说指黄帝、颛顼zhuānxū、帝喾kù、尧帝、舜帝。

⑥三王：中国古代的三位帝王，即夏禹、商汤、周文王。

⑦右：上位。古人以左右来表示上下尊卑。

译文

天下动乱不止，朝廷没有贤明的君主，王公大臣们没有道德。小人谗言妄为，贤良之人不被任用，圣人逃亡躲藏起来，一些贪图利禄、奸诈虚伪的人飞黄腾达，君主和大臣之间互相怀疑，国家四分五裂，互相征伐射杀，父子离散，骨肉反目，这就叫作“国家的裂痕”。当圣人看到轻微的裂痕时，就设法治理。当世道可以治理时，就要采取弥补的“抵”法，使“巇”得到弥合，继续保持它的完整；如果世道已坏到不可治理时，就采用破坏的“抵”法，彻底把它打破，并重新塑造它。或者这样“抵”，或者那样“抵”；或者通过“抵”使它恢复原状，或者通过“抵”将其重新塑造。五帝的圣明政治，是用“抵”来顺势救治；三王从事的大事，则是了解当时的残暴政治，从而夺得并重新建立政权。诸侯之间互相征伐，斗争频繁，数不胜数，在这个混乱的时代，善于运用抵巇之术才是上策。

自天地之合离、终始，必有巇隙，不可不察也。察之以捭阖，能用此道，圣人也。圣人者，天地之使也。世无可抵，则深隐而待时；时有可抵，则为之谋；可以上合，可以检下。能因能循，为天地守神。

译文

自从天地之间有了离合和始终，万事万物就必然存在着裂痕，这一点不可不洞察。要想明察这个问题就要用“捭阖”的方法。能用这种方法的人，就是圣人，圣人是天地的使者。当世道不需要“抵巇”时候，圣人就深深地隐居起来，以等待时机；当世道需要“抵”时，圣人就进行谋划。对上层可以合作，对下属可以督查，有所依据、有所遵循，这样就能够掌握天地间运行的神妙变化。

飞箝

凡度权量能[①]，所以征远来近。立势而制事[②]，必先察同异之党，别是非之语，见内外之辞[③]，知有无之数，决安危之计，定亲疏之事，然后乃权量之，其有隐括，乃可征，乃可求，乃可用。引钩箝之辞[④]，飞而箝之[⑤]。

注释

①度权量能：揣度权谋、估量才能。

②立势：确立形势。制事：制定措施。

③内外之辞：内外相反的言辞。

④钩：引诱。箝qián：钳制。

⑤飞而箝之：指先以为对方制造声誉来博取欢心，再以各种技巧来钳制他。飞，褒奖，制造声誉。

译文

凡是揣度人的智谋和估量人的才干，就是为了吸引远处的人才和招来近处的人才，制造一种声势，进一步掌握事物发展变化的规律。一定要首先考察派别的相同和不同之处，区别各种正确和错误的议论，了解对内、对外的各种进言，掌握有余和不足的程度，决断事关安危的计谋，确定与谁亲近、与谁疏远的问题，然后权衡轻重利弊关系，如果还有不清楚的地方，就要进行研究，进行探索，使之为我所用。借助引诱、控制对方的言辞，在恭维他的同时控制他。

钩箝之语，其说辞也，乍同乍异。其不可善者①，或先征之，而后重累②；或先重以累，而后毁之；或以重累为毁；或以毁为重累。其用或称财货、琦玮、珠玉、璧白、采色以事之③。或量能立势以钩之，或伺候见涧而箝之，其事用抵巇。

注释

①不可善者：运用钩箝之法也难以引诱、控制的人。

②重累：反复。

③琦玮：珍贵的宝玉。白：通“帛”。

译文

钩箝之语是一种游说辞令，其特点是忽同忽异。对于那些以钩箝之术仍难以引诱和控制的对手，或者首先对他们威胁利诱，然后再对他们进行反复试探；或者首先对他们进行反复试探，然后再对他们进行摧毁。有人认为，反复试探就等于是对对方进行破坏，有人认为对对方的破坏就等于是反复试探。想要重用某些人时，或者先赏赐财物、珠宝、玉石、白璧布帛和美色，以便对他们进行试探；或者通过衡量才能设立职位，来吸引他们；或者通过寻找漏洞来控制对方，在这个过程中要使用抵巇之术。

将欲用之于天下，必度权量能，见天时之盛衰，制地形之广狭、阻险之难易，人民货财之多少，诸侯之交孰亲孰疏、孰爱孰憎。心意之虑怀，审其意，知其所好恶，乃就说其所重，以飞箝之辞，钩其所好，以箝求之。

译文

要把“飞箝”之术推行于天下，必须考量人的权谋和才能，观察天地的盛衰，掌握地形的宽窄和山川险阻的难易，以及人民财富的多少。对于诸侯之间的交往，必须考察彼此之间的亲疏关系，究竟谁与谁亲近，谁与谁疏远，谁与谁友好，谁与谁相恶。要详细考察对方的愿望和想法，了解他们的好恶，然后针对对方所重视的问题进行游说，用“飞”的方法诱出对方的爱好，再用“箝”的方法把对方控制住。

用之于人，则量智能、权材力、料气势，为之枢机[①]，以迎之、随之；以箝和之，以意宜之，此飞箝之缀也。用之于人，则空往而实来[②]，缀而不失，以究其辞。可箝而从，可箝而横；可引而东，可引而西；可引而南，可引而北；可引而反，可引而覆，虽覆能复，不失其度。

注释

①枢机：枢纽机要之处，关键。

②空往而实来：用空话来套出对方的实情。

译文

如果把“飞箝”之术用于他人，可估量其智能、权衡其实力，估量其气势，抓住关键来迎合他、顺从他，以钳制之术使对方与自己协调，达到双方融洽，这就是“飞箝”之术的妙用之处。如果把“飞箝”之术用于人际交往，可用好听的空话套出对方实情，结交对方，不失去联系，来探究他的言辞。这样就可实现合纵，也可实现连横；可引而向东，也可引而向西；可引而向南，也可引而向北；可引而返还，也可引而复去。即使颠覆了，也可恢复，关键就在于不失节度。

忤合

凡趋合倍反①，计有适合②。化转环属③，各有形势④。反覆相求，因事为制。是以圣人居天地之间，立身、御世、施教、扬声、明名也⑤；必因事物之会，观天时之宜，因知所多所少，以此先知之，与之转化。

注释

①趋合：趋向合一。倍反：背逆。倍，通“背”。

②合：相向。

③化转环属：形容变化转移像环一样连接起来而没有断裂。

④形势：事情发展变化的态势。

⑤御世：掌控天下的各种事物。御，掌控。

译文

凡是有关联合或对抗的行动，都会有相应的计谋。变化和转移就像圆环一样连接而没有中断。然而，变化和转移又有各自的具体情形。彼此之间环转反复，互相依赖，需要根据实际情况进行控制。所以圣人生活在世上，是为了立身处世、掌控天下、教化众人、扩大影响、宣扬名声。他们还必须根据事物之间的联系来考察天时，以便抓住有利时机。国家哪些方面有余，哪些方面不足，都要从这里出发去掌握，并设法促使事态向有利的方面转化。

世无常贵，事无常师；圣人常为无不为，所听无不听；成于事而合于计谋，与之为主①。合于彼而离于此，计谋不两忠，必有反忤②；反于是，忤于彼；忤于此，反于彼。其术也，用之于天下，必量天下而与之；用之于国，必量国而与之；用之于家，必量家而与之；用之于身，必量身材能气势而与之；大小进退，其用一也。必先谋虑计定，而后行之以飞箝之术。

注释

①与之为主：让他成为君主。

②忤：相背。

译文

世上的万事万物没有永远处于高贵地位的，也没有永远居于榜样地位的。圣人常常是无所不做，无所不听。能办成要办的事，实现预定的计谋，就选他做自己的君主，合乎其中一方的利益，就要背叛另一方的利益。凡是计谋不可能同时忠于两个对立的君主，必然违背某一方的意愿。合乎这一方的意愿，就要违背另一方的意愿；违背另一方的意愿，才可能合乎这一方的意愿。这就是“忤合”之术。如果将这种“忤合”之术运用到天下，必然将把全天下都放在忤合之中；如果将这种“忤合”之术用到某个国家，就必然要把整个国家放在忤合之中；如果将这种“忤合”之术运用到某个家庭，就必然要把整个家庭都放在忤合之中；如果将这种“忤合”之术用到某一个人，就必然要把这个人的身体、才能、气势都放在忤合之中。总之，无论把这种“忤合”之术用在大的方面，还是用在小的方面，其功用是相同的。因此，无论在何时何地都要进行谋划、分析，计谋确定了以后再实行“飞箝”之术。

古之善背向者，乃协四海，包诸侯，忤合之地而化转之，然后求合。故伊尹五就汤、五就桀[①]，而不能所明，然后合于汤。吕尚三就文王、三入殷，而不能有所明，然后合于文王。此知天命之箝，故归之不疑也。

注释

①伊尹：商代名臣，曾辅佐汤灭夏建商。汤：原为夏朝商国诸侯，后推翻夏朝统治，建立商朝。桀：即夏桀，夏朝亡国之君，中国古代有名的暴君。

译文

古代那些善于通过背离一方、趋向一方而横行天下的人，常能掌握四海之内的各种力量，控制各方诸侯，将他们放入忤合之中，促成转化的趋势，然后达成“合”于圣贤君主的目的。所以伊尹五次投奔商汤，五次投奔夏桀，却没有被赏识，就决定一心臣服商汤王。吕尚三次投奔周文王，三次投奔殷纣，都没有被赏识，最终投奔了文王，这是懂得天命的制约，所以才能归顺一主而毫不犹豫。

非至圣达奥，不能御世；非劳心苦思，不能原事①；不悉心见情，不能成名；材质不惠②，不能用兵；忠实无实，不能知人；故忤合之道，己必自度材能知睿③，量长短、远近孰不知，乃可以进，乃可以退，乃可以纵，乃可以横。

注释

①原事：追究事情的原委。

②材质：才力、能力。惠：通“慧”，聪慧。

③知：通“智”，智慧。

译文

对于一个纵横家来说，如果没有高尚的品德、超人的智慧，不能通晓深层的规律，就不可能驾驭天下；如果不肯用心苦苦思考，就不可能揭示事物的本来面目；如果不能全神贯注地考察事物的实际情况，就不可能功成名就；如果才能、胆量都不足，就不能统兵作战；如果只是愚忠而没有真知灼见，就不可能有察人之明。所以，“忤合”的法则是，要首先自我估量聪明才智，然后度量他人的优劣长短，分析在远近范围之内还比不上谁。只有知己知彼以后，才能随心所欲，可以前进，可以后退，可以合纵，可以连横。

揣

古之善用天下者，必量天下之权，而揣诸侯之情。量权不审，不知强弱轻重之称[①]；揣情不审，不知隐匿变化之动静。

注释

①称：衡量。

译文

古代善于游说诸侯而治理天下的人，必要衡量天下的权势，揣度各方诸侯的情形。估量权势不准确周详，就不了解诸侯之间的强弱轻重的差别；揣测情势不精确，就难以了解隐藏的情况和变化的形势。

何谓量权？曰：度于大小，谋于众寡；称货财有无之数，料人民多少、饶乏[①]，有余不足几何？辨地形之险易，孰利孰害？谋虑孰长孰短？揆君臣之亲疏[②]，孰贤孰不肖？与宾客之智慧，孰多孰少？观天时之祸福，孰吉孰凶？诸侯之交，孰用孰不用？百姓之心，孰安孰危？孰好孰憎？反侧孰辨[③]？能知此者，是谓量权。

注释

①饶乏：富饶和困乏。

②揆：揣测。

③侧：通“测”，测度，测量。

译文

什么是量权呢？就是测量大小，计算多少；称量财货多少，估算有多少人民，富有和困乏到了什么程度。分辨地形的险峻平易，利害在哪里？谋划思虑，哪个是优，哪个是劣？考察君臣之间，与谁亲近，与谁疏远？哪些人贤能，哪些人奸佞？客卿的智慧，谁高谁低？观察天命祸福，什么时候是吉，什么时候是凶？考察诸侯之间的关系，哪些是可以利用的，哪些不可以利用？老百姓的人心向背，是安乐还是危急，喜欢什么憎恶什么？反复测度，怎样利用才方便？能够了解这些，就是所说的量权。

揣情者，必以其甚喜之时，往而极其欲也；其有欲也，不能隐其情。必以其甚惧之时，往而极其恶也；其有恶也，不能隐其情。情欲必出其变。感动而不知其变者，乃且错其人勿与语[①]，而更问所亲，知其所安。夫情变于内者，形见于外，故常必以其者而知其隐者，此所谓测深揣情。

注释

①错：通“措”，安置。

译文

所谓揣情，就是必须在对方最高兴的时候，来增强他们的欲望，他们既然有欲望，也就无法按捺住实情；又必须在对方最恐惧的时候，去加重他们的恐惧，他们既然感到害怕，就不能隐瞒住实情，情感和爱欲必然会随着事态的发展变化流露出来。对那些受到情感触动之后，仍显现不出有异常变化的人，就要改变游说对象，不要再对他说什么了，而应改向他所亲近的人去游说，这样就可以知道他不为所动的原因。感情从内部发生变化，必然要通过形态显现于外表，所以我们常常要通过显露出来的表面现象，来了解那些隐藏在内部的真情，这就是所谓的揣测内心的办法。

故计国事者，则当审量权；说人主，则当审揣情；谋虑情欲，必出于此。乃可贵，乃可贱；乃可重，乃可轻；乃可利，乃可害；乃可成，乃可败；其数一也。故虽有先王之道，圣智之谋，非揣情隐匿，无所索之。此谋之大本也，而说之法也。常有事于人，人莫能先，先事而生，此最难为。故曰：揣情最难守司，言必时其谋虑[①]。故观蜎飞蠕动[②]，无不有利害，可以生事变。生事者，几之势也[③]。此揣情饰言，成文章，而后论之也。

注释

①时：通“伺”，等待。

②蜎yuān飞蠕动：泛指昆虫等小动物飞行或蠕动。蜎，形容虫子爬行时蜷曲蠕动的样子。

③几：细微的意思。

译文

所以谋划国家大事的人，应详细衡量本国各方面的力量；游说他国君主的人，则应全面揣测别国君主的想法。所有的谋划、想法、情绪及欲望都必须以此为出发点。可以尊贵，也可以贫贱；可以尊敬，也可以轻视；可以施利，也可以行害；可以成全，也可以败坏，其使用的方法都是一致的。所以即使有古代先王的德行，有圣人高超的智谋，不揣度透彻，隐藏的实情就无法探求到。这是谋划国事的根本，是游说人君的方法。人们对某些事情常常感到突然，是因为不能事先预见。能在事情发生之前就预见，这是最难的。因此说，揣度实情最难把握，游说活动选择时机必须深谋远虑。所以我们看昆虫蠕动，它们都知道自己的利益，因此才发生变化。而任何事情在刚产生之时，都呈现一种微小的态势。这种揣情，需要借助漂亮的言辞，形成华丽文章，而后才能进行游说。

摩

摩者,符也[①]。内符者,揣之主也[②]。用之有道,其道必隐。微摩之以其所欲,测而探之,内符必应;其应也,必有为之。故微而去之,是谓塞窖、匿端、隐貌、逃情[③],而人不知,故成其事而无患。摩之在此,符之在彼,从而应之,事无不可。

注释

①符:此指内在情感的外在表现。

②主:根本。

③窖:窖藏,这里引申为隐藏。端:征兆。

译文

所谓"摩",是通过外在表现揣摩内心情感。内在情感是"揣"的对象。揣摩内心是有规律的,而这规律却隐而不见。暗暗揣摩对方内心的欲望,测探其秘密之处,内外情感必定会呼应一致,若内外相应,就必定会有所表露。在达到了揣摩的目的之后,要在适当的时候离开对方,把动机隐藏起来,消除痕迹,伪装外表,掩盖实情,使人无法知道是谁办成的这件事。因此,达到了目的,办成了事,却不留祸患。从这里揣摩,在那里显现,由此安排行事,就没有什么事情做不成的。

古之善摩者[①]，如操钓而临深渊，饵而投之，必得鱼焉。故曰：主事日成而人不知；主兵日胜而人不畏也。圣人谋之于阴[②]，故曰神；成之于阳[③]，故曰明，所谓主事日成者，积德也，而民安之，不知其所以利。积善也，而民道之[④]，不知其所以然；而天下比之神明也。主兵日胜者，常战于不争不费[⑤]，而民不知所以服，不知所以畏，而天下比之神明。

注释

①摩：顺，合，意为以事情去顺合想要说服的君王。

②阴：隐蔽。

③阳：公开。

④道：遵守。

⑤不争不费：不动用武力，不耗费钱财。

译文

古代善于运用揣摩之术的人，就像拿着钓钩去深渊钓鱼一样。只要把带着饵食的钩投入水中，必定会钓到鱼。所以说：主办的事情一天天成功，却没有人能察觉；统率的军队日益压倒敌军，却没人感到恐惧。圣人谋划行动总是在暗中进行，所以被称为“神”，而这些行动的成功都显现在光天化日之下，所以被称为“明”。之所以主办的事情一天天成功，在于暗中积累德行，老百姓安居乐业，却不知道为什么会享受到这些利益。他们还在暗中积累善行，老百姓遵循于善政却不知道为什么会这样。普天下的人们都把“谋之于阴，成之于阳”的政治策略称为“神明”。那些统率军队而日益压倒敌人的将领，既不去争城夺地，也不消耗人力物力，因此老百姓不知道邦国为何臣服，不知道战争的恐惧，普天下都称这种军事策略为“神明”。

其摩者：有以平，有以正，有以喜，有以怒，有以名，有以行，有以廉，有以信，有以利，有以卑。平者，静也；正者，直也；喜者，悦也；怒者，动也；名者，发也[①]；行者，成也；廉者，洁也；信者，明也；利者，求也；卑者，谄也。故圣人所独用者，众人皆有之；然无成功者，其用之非也。

注释

①发：扩大。

译文

实施揣摩之术：有用平和交流的，有用正义责难的，有用娱乐讨好的，有用愤怒激励的，有用名声威吓的，有用行动感召的，有用廉洁感化的，有用信誉说服的，有用利益诱惑的，有用谦卑夺取的。平和就是让其安静，正义就是直言指斥，娱乐就是使其喜悦，愤怒就是激怒对方，名誉就是提高对方的名声，行动就是逼对方实施，廉洁就是用清明感化对方，信誉就是让对方明智，利益就是满足对方需求，谦卑就是讨好对方。所以，圣人所独用的揣摩之术，平常人也能运用。然而众人没有能运用成功的，那是因为他们运用不当。

故谋莫难于周密，说莫难于悉听，事莫难于必成；此三者，唯圣人然后能任。故谋必欲周密，必择其所与通者说也[①]。故曰或结而无隙也。夫事成必合于数，故曰道数与时相偶者也[②]。说者听必合于情，故曰情合者听。故物归类：抱薪趋火，燥者先燃；平地注水，湿者先濡。此物类相应，于势譬犹是也。此言内符之应外摩也如是。故曰摩之以其类，焉有不相应者？乃摩之以其欲，焉有不听者？故曰独行之道[③]。夫几者不晚[④]，成而不抱[⑤]，久而化成。

注释

①通：指感情可以沟通。

②相偶：相合。

③独行之道：只有圣人才能懂得和掌握的规律。

④几者：通晓细微的人。

⑤成而不抱：做成事情却不居功。

译文

因此，谋划策略最难的是周到缜密；游说最难的是让对方言听计从；做事情，最难的是一定能成功。这三个方面只有圣人才能做到。所以说谋划策略一定要周全缜密，一定要选择能与自己内心相通的人去游说，所以说结交要亲密而没有裂痕。事情要获得成功，一定遵循合适的法则，所以说规律、方法、时机三者要结合。说辞要被听从，一定要使情感与对方相通，所以说合情才会被听从。万事万物都有各自的类别：抱着柴草向烈火走去，干燥的柴草就首先着火燃烧；往平地倒水，低湿的地方就要先进水。这些现象都是与各类事物的性质相适应的,以此类推,其他事物也是这样的。“内符”与“外摩”相对应的道理也是如此。所以说，根据事物的不同特性来实施揣摩之术，哪有不相对应的呢？根据被游说者的喜好而施行揣摩之术，哪有不听从游说的呢？所以说揣摩之术是唯一通行的方法。注意事物的细微变化，就能把握好时机，有成绩也不居功，天长日久就一定能化育天下，取得最后成功。

权

说者，说之也；说之者，资之也①。饰言者，假之也②；假之者，益损也③。应对者，利辞也④；利辞者，轻论也⑤。成义者，明之也；明之者⑥，符验也。难言者⑦，却论也⑧；却论者，钓几也⑨。佞言者，谄而于忠；谀言者，博而于智；平言者⑩，决而于勇；戚言者⑪，权而于信⑫；静言者⑬，反而于胜。先意承欲者，谄也；繁种文辞者，博也；策选进谋者，权也；纵舍不疑者⑭，决也；先分不足而窒非者⑮，反也。

注释

①资：资助，帮助。

②假：假借，借用。

③益损：增加和减少。

④利辞：犀利的言辞。

⑤轻论：轻浮的言论。

⑥明：阐明。

⑦难言：诘难的言语。

⑧却论：反驳对方的论点。

⑨钓几：引诱对方说出隐秘的事情。

⑩平言：平实的言论。

⑪戚言：透露出忧郁的言论。戚，忧伤。

⑫权：权衡。于：同于。

⑬静言：心平气和的言语。

⑭纵舍：摒弃。

⑮先分不足：天分不足。先分，天分。

译文

所谓“游说”就是对人进行劝说。对人进行游说的目的，就是要借助对方的力量来做事情。游说者要会修饰言词，用花言巧语来说服他人。借用花言巧语说服别人，要会随机应变，有所斟酌。回答他人的问话，要会用机变的外交辞令。所谓机变的外交辞令，是一种巧妙言辞。具有正义与真理价值的言论，必须要阐明真伪；而阐明真伪，就要验证是否正确。责难对方的言辞，是反对对方的论调，持这种论调时，是要诱出对方心中的机密。说奸佞之话的人，是用谄媚显示忠诚。说奉承话的人，是用吹捧对方而显示有智慧。说平实话的人，由于果决而显得勇敢。说忧愁话的人，由于权变而显得有信用。而说稳重话的人，却由于能反诘而能够胜利。揣摩心意迎合对方想法，是谄媚；运用华美辞藻鼓吹，是广博；策划谋略并有选择地运用，是权变；摒弃成见不再迟疑，是果决；自己有不足反而指责他人，是反诘。

故口者，机关也，所以关闭情意也。耳目者，心之佐助也，所以窥瞯奸邪[①]。故曰：参调而应[②]，利道而动。故繁言而不乱，翱翔而不迷，变易而不危者，观要得理。故无目者，不可示以五色[③]；无耳者，不可告以五音[④]。故不可以往者，无所开之也。不可以来者，无所受之也。物有不通者，故不事也。古人有言曰："口可以食，不可以言。"言有讳忌也。"众口烁金"，言有曲故也。

注释

①瞯 jiàn：窥探。

②参：通"三"，指心、耳、目。

③五色：指青、黄、赤、白、黑五种色彩，此泛指各种色彩。

④五音：指宫、商、角、徵、羽五种音阶，此泛指各种声音。

译文

所以，口是人发出言辞的机关，是用来封锁、宣传信息的。耳目是心的辅助器官，是用来窥探破绽、发现奸邪的。所以说，只要心、耳、目三者相互呼应，事情就会走向成功。因而烦琐的言语并不能使人纷乱，纵横翱翔的言辞并不能使人迷惑，变化无穷的言辞也不能使人陷入危险，关键在于要在观物时掌握要害，把握事理。所以，看不见的人，没有必要拿五色给他们看；听不见的人，没必要让他们听五音。所以，不能说服对方，是由于对方无法开导；不能召来对方，是由于对方无法接受。有些行不通的事，就不要做。古人讲过："嘴是用来吃饭的，不是用来说话的。”讲话是有忌讳的。“众人的言辞可以把金属熔化”，这是言语偏颇不正的缘故啊。

人之情，出言则欲听，举事则欲成。是故智者不用其所短，而用愚人之所长；不用其所拙，而用愚人之所工，故不困也。言其有利者，从其所长也；言其有害者，避其所短也。故介虫之捍也[①]，必以坚厚；螫虫之动也[②]，必以毒螫。故禽兽知用其所长，而谈者知用其所用也。

注释

①介虫：指有甲壳的虫类。

②螫shì虫：尾部有毒针可刺人的虫子。

译文

人之常情是，只要自己说话就希望有人听，只要办事情就希望能成功。所以聪明的人不用自己的短处而用愚笨者的长处，不用自己笨拙的一面而用愚笨者所擅长的一面，这样就使自己永远不会陷于窘迫。说到有利的一面，就要发挥其长处，说到有害的一面，就要避开其短处。因而，甲虫防卫时，是用其坚硬的甲壳。而毒虫行动时，一定用那有毒的螫子。连禽兽都知道用自己的长处，游说的人更应知道该用什么样的方法了。

故曰：辞言五，曰病、曰怨、曰忧、曰怒、曰喜。

故曰：病者，感衰气而不神也。怨者，肠绝而无主也。忧者，闭塞而不泄也。怒者，妄动而不治也。喜者，宣散而无要也。此五者，精则用之，利则行之。故与智者言，依于博；与拙者言，依于辩；与辩者言，依于要①；与贵者言，依于势；与富者言，依于高；与贫者言，依于利；与贱者言，依于谦；与勇者言，依于敢；与过者言，依于锐；此其术也，而人常反之。是故与智者言，将此以明之；与不智者言，将此以教之，而甚难为也。故言多类，事多变。故终日言，不失其类，故事不乱。终日变，而不失其主，故智贵不妄②。听贵聪，智贵明，辞贵奇。

注释

①要：简要，精要。

②妄：混乱。

译文

所以说，外交辞令有五种：一是病态之言；二是幽怨之言；三是忧郁之言；四是愤怒之言；五是喜悦之言。一般来说，病态之言是气势衰弱，说话没精神。幽怨之言是哀怨痛苦，没有主见。忧郁之言是心情郁结，不能畅言。愤怒之言是轻举妄动，不能控制自己的话。喜悦之言是言语散漫，没有重点。以上这五种外交辞令，精通了才可以使用，有利时才可以付之实行。所以与智者谈话，就要以渊博为原则，与拙者说话，要以强辩为原则；与善辩的人谈话，要以简要为原则；与高贵的人谈话，要以有气势为原则；与富人谈话，要以高雅洒脱为原则；与穷人谈话，要以利害为原则；与卑贱者谈话，要以谦恭为原则；与勇敢的人谈话，要以果敢为原则；与上进者谈话，要以锐意进取为原则。这些都是与人谈话的技巧，然而不少人却常常背道而驰。所以，与聪明人谈话时，就要用这些方法让他明了，与笨人谈话时，就要用这些方法诱导他。然而事实上这很难做到。所以说谈话有各种方法，所论事情会不断变化。终日谈论，也不会超出这些类别，所以才不会把事情搞乱。事情不断变化，但不会失其原则，所以智者贵在从不悖乱。听人说话贵在清楚明了，智慧贵在明辨事理，言辞贵在变化莫测。

谋

为人凡谋有道，必得其所因，以求其情；审得其情，乃立三仪[①]。三仪者，曰上、曰中、曰下，参以立焉，以生奇；奇不知其所拥[②]，始于古之所从。故郑人之取玉也，必载司南之车[③]，为其不惑也。夫度材、量能、揣情者，亦事之司南也。故同情而俱相亲者，其俱成者也；同欲而相疏者，其偏成者也；同恶而相亲者，其俱害者也；同恶而相疏者，其偏害者也。故相益则亲，相损则疏，其数行也。此所以察同异之分，其类一也。故墙坏于其隙，木毁于其节，斯盖其分也。故变生事，事生谋，谋生计，计生议，议生说，说生进，进生退，退生制；因以制于事，故万事一道，而百度一数也。

注释

①仪：标准。

②拥：拥塞。

③司南之车：即指南车。

译文

凡是筹划计谋都要遵循一定的法则，一定要弄清缘由，以便探究实情。根据详细探究的实情，来确定“三仪”。“三仪”就是上智、中才、下愚。三者互相参照运用，就可谋划出奇计，而奇计是没有阻塞的，从古代开始就在遵从使用。所以郑国人入山采玉时，都要驾着指南车，是为了不迷失方向。忖度才干、估量能力、揣度实情，也类似做事时使用指南车一样。所以凡是情投意合的人一起共事，大家都能成功；欲望相同但不能共事，是因为只有一部分人能成功；恶习相同的人一起共事，是因为他们都受到了损害；恶习相同的人不一起共事，一定是只有部分人受到损害。所以，如果能互相带来利益，就要密切关系，如果相互牵连而造成损害，就要疏远关系。这都是有定数的事情，也是之所以要考察异同的原因。凡是这类事情都是一样的道理。所以，墙壁通常因为有裂缝才倒塌，树木通常因为有节疤而毁坏，这都是理所当然的。因此，变化产生事端，而事端又产生谋略，谋略产生计划，计划产生议论，议论产生游说，游说产生进取，进取产生退却，退却产生控制，事物由此得以控制。可见万事万物的道理是一致的，各种制度都有一定的规则。

夫仁人轻货，不可诱以利，可使出费[①]；勇士轻难，不可惧以患，可使据危；智者达于数，明于理，不可欺以诚，可示以道理，可使立功；是三才也[②]。故愚者易蔽也，不肖者易惧也，贪者易诱也，是因事而裁之[③]。故为强者积于弱也，有余者积于不足也。此其道术行也。

注释

①费：钱财。

②三才：指仁人、勇士、智者。

③裁：裁断。

译文

仁人君子轻视财货，所以不能用钱财来诱惑他们，反而可以让他们捐出资财；勇敢的壮士轻视危难，所以不能用祸患来恐吓他们，反而可以让他们镇守危地；有智慧的人，通达礼数，明于事理，不可假装诚信去欺骗他们，反而可以给他们讲明事理，让他们建功立业。这就是所谓仁人、勇士、智者的“三才”。因此说，愚人容易被蒙蔽，不肖之徒容易被恐吓，贪图便宜的人容易被引诱，所有这些都要根据具体情况进行判断。所以强大由弱小不断积累而成，有余由不足不断积累而成。这就是道术得以实行的原因啊。

故外亲而内疏者说内，内亲而外疏者说外。故因其疑以变之，因其见以然之，因其说以要之，因其势以成之，因其恶以权之，因其患以斥之。摩而恐之，高而动之，微而证之，符而应之，拥而塞之，乱而惑之，是谓计谋。计谋之用，公不如私，私不如结，结而无隙者也。正不如奇，奇流而不止者也。故说人主者，必与之言奇；说人臣者，必与之言私。

译文

所以，对那些表面亲善而内心疏远的人，从内心入手进行游说；对那些内心亲善而表面疏远的，要从外部入手进行游说。因此，要根据对方的疑问所在来改变自己游说的内容；要根据对方的表现来判断游说是否得法；要根据对方的言辞来来确定游说的要点；要根据情势的变化适时征服对方；要根据对方的憎恶来权衡利弊；要根据对方的忧虑来设法防范和排除。揣摩之后加以威胁；抬高之后加以策动；削弱之后加以扶正；符验之后加以响应；拥堵之后加以阻塞；搅乱之后加以迷惑。这就叫作“计谋”。至于计谋的运用，公开不如保密，保密不如结党，结党就可以秘而不露。常规策略不如奇策，奇策实行起来可以无往不胜。所以向君主进行游说时，必须与他谈论奇策；对人臣进行游说时，必须与他谈论私情。

其身内、其言外者疏[1]；其身外、其言深者危。无以人之所不欲而强之于人，无以人之所不知而教之于人。人之有好也，学而顺之；人之有恶也，避而讳之，故阴道而阳取之也。故去之者纵之，纵之者乘之。貌者不美，又不恶，故至情托焉。可知者可用也，不可知者谋者所不用也。故曰：“事贵制人，而不贵见制于人。”制人者握权也，见制于人者制命也。故圣人之道阴，愚人之道阳；智者事易，而不智者事难。以此观之，亡不可以为存，而危不可以为安，然而无为而贵智矣。智用于众人之所不能知，用于众人之所不能见。既用见可，择事而为之，所以自为也；见不可，择事而为之，所以为人也。故先王之道阴，言有之曰②："天地之化，在高与深；圣人之道，在隐与匿。非独忠、信、仁、义也，中正而已矣。"道理达于此义者，则可与语。由能得此，则可与谷远近之义。

注释

①身内：指关系亲密。言外：指说话见外。

②言有之：俗话说。

译文

虽然关系亲密，却说有利于外人的话，就要被疏远。如果关系疏远，说话却过于深切，就会有危险。不要拿别人不想要的东西，来强迫人家接受，不要拿别人不了解的事去说教别人。如果对方有某种嗜好，就要效仿以迎合他的兴趣；如果对方厌恶某种事物，就要加以避讳，以免引起反感。所以，要进行隐秘的谋划和公开的夺取。想要除掉的人，就要放纵他，等他自我放纵时乘机一举除掉他。外表不善也不恶、不动声色的人，可以托之以机密大事。对于深彻了解的人，可以重用；对那些还没有深入了解的人，权谋家绝对不会重用的。所以说："谋划事情重在控制人，而不是被人所控制。"控制人的人是掌握大权的统治者；被人控制的人，是唯命是从的被统治者。所以圣人运用谋略隐而不露，而愚人运用谋略则大肆张扬。有智慧的人成事容易，没有智慧的人成事困难。由此看来，一旦国家灭亡了，就很难复兴；一旦国家动乱了，就很难安定，所以无为和智慧是最重要的。智慧是用在众人所不知道的地方，用在众人所看不见的地方。施展智谋和才干，如果证明是可行的，就要选择相应的时机来实行，这是为自己；如果发现是不可行的，也要选择相应的时机来实行，这是为别人。所以古代的先王所推行的大道是隐而不露的，古语说："天地的造化在于高与深，圣人的治道在于隐藏不露，并不是单纯讲求忠诚、信守和仁慈、义理，不过是在维护不偏不倚的正道而已。"如果能真正懂得这种道理的真义，就可以与他谈论大事。如果能掌握这些，就可以懂得驱使天下的道理了。

决

为人凡决物，必托于疑者。善其用福，恶其有患[①]。害，至于诱也，终无惑。偏有利焉，去其利则不受也，奇之所托。若有利于善者，隐托于恶，则不受矣，致疏远。故其有使失利，其有使离害者[②]，此事之失。

注释

①善其用福，恶其有患：遇到好事就高兴，遇到祸患就厌恶。

②离：通“罹”，遭受。

译文

凡为他人决断事情，都是受托于有疑虑的人。一般说来，人们都希望遇到有利的事，不希望碰上灾祸。有害的事物，如能循循善诱，最终能排除疑惑。在为人做决断时，如果只对一方有利，那么不利的一方就不会接受，这就是奇策施展的基础。决断如果看似有利而实则隐藏着不利的恶果，那么就不会被接受，最终会导致被疏远。这样对为人决断的人就不利了，甚至还会遭到灾难，这样决断是失误的。

圣人所以能成其事者有五：有以阳德之者，有以阴贼之者[①]，有以信诚之者，有以蔽匿之者，有以平素之者。阳励于一言[②]，阴励于二言[③]，平素枢机以用四者，微而施之。于是度以往事，验之来事，参之平素[④]，可则决之。公王大人之事也，危而美名者，可则决之；不用费力而易成者，可则决之；用力犯勤苦，然而不得已而为之者，可则决之；去患者，可则决之；从福者，可则决之。故夫决情定疑万事之机，以正乱治、决成败，难为者。故先王乃用蓍龟者[⑤]，以自决也。

注释

①贼：残害。

②一言：真诚不二的言语。

③二言：含混不清的言语。

④参：参照。

⑤蓍shī龟：古人以蓍草、龟甲占卜吉凶，因此用“蓍龟”指代占卜。蓍，蓍草。龟，龟甲。

译文

圣人之所以能成就大业，主要有五个途径：有用阳道来感人的；有用阴道来惩治的；有用信义来教化的；有用仁爱来庇护的；有用常规的手法决断的。行阳道则努力守常如一，行阴道则机巧善变。要在平时和关键时刻巧妙地运用这四方面，小心谨慎行事。

推测以往的事，验证未来的事，再参考日常的事，如果可行，就做出决断；王公大臣的事，能提高名声的，如果可行就做出决断；不用费力就可获得成功的事，如果可行就做出决断；费力气又辛苦，但不得不做的，如果可行就做出决断；能消除祸患的，如果可行就做出决断；能带来幸福的，如果可行就做出决断。因此说，解决事情，排除疑难，是万事的关键，以此来澄清乱与治，决断成与败，这是一件很难做到的事。所以古代先王就用蓍草和龟甲来帮助自己决断一些大事。

符言

安、徐、正、静[①]，其被节无不肉[②]。善与而不静，虚心平意，以待倾损。右主位[③]。

注释

①徐：从容。

②被节：合乎节度。被，同“披”。肉：这里指丰饶。

③右主位：以上说的是身居主位的修养。右，以上的意思。

译文

如果身居君位的人能做到安详、从容、正直、沉静，就合乎宽容的节度，没有不丰裕的。愿意与人为善，与世无争，这样就可以心平气和地面对天下纷争。以上说的是身居君主之位的修养。

目贵明，耳贵聪，心贵智。以天下之目视者，则无不见；以天下之耳听者，则无不闻；以天下之心虑者，则无不知；辐辏并进，则明不可塞。右主明。

译文

对眼睛来说，最重要的就是明亮；对耳朵来说，最重要的是灵敏；对心灵来说，最重要的就是智慧。人君如果能用全天下的眼睛去观看，就没有什么看不见的；如果用全天下的耳朵去听，就没有什么听不到的；如果用全天下的心去思考，就没有什么不知道的。如果全天下的人都像车辐集辏于毂上一样，齐心协力，就能明察一切，无可阻塞。以上说的是明察。

听之术曰："勿坚而拒之。"许之则防守，拒之则闭塞。高山仰之可极，深渊度之可测；神明之位术，正静其莫之极欤！右主听。

译文

听取意见的方法是：不要固执己见而拒绝对方。如果能听信人言，就使自己多了一层保护，如果拒绝别人进言，就会使自己封闭起来。高山再高也可看到顶，深渊再深也可测到底，而神明的心境既正派又沉着，是无法测到底的。以上说的是君主要善听。

用赏贵信，用刑贵正。刑赏信正，必验耳目之所见闻，其所不见闻者，莫不暗化矣。诚畅于天下神明，而况奸者干君？右主赏。

译文

运用奖赏时，最重要的是守信用。运用刑罚时，贵在公正。处罚与赏赐贵在守信和公正，应验证于臣民所见所闻的事情，这样对于那些没有亲眼看到和亲耳听到的人也有潜移默化的作用。人主的诚信如果能畅达天下和神明，又哪里惧怕那些奸邪之徒冒犯君主呢？以上讲的是君主赏罚必信。

一曰天之，二曰地之，三曰人之；四方上下，左右前后，荧惑之处安在[①]？右主问。

注释

①荧惑：即火星。

译文

什么是天时，什么是地利，什么是人和，四方、上下、左右、前后，以及火星的方位在何处？以上说的是君主咨询。

心为九方之治[①]，君为五官之长[②]。为善者，君与之赏；为非者，君与之罚。君因其政所以求，因而与之，则不劳。圣人用之，故能掌之。因之循理，故能久长。右主因[③]。

注释

①九方：即九窍，人体的两眼、两耳、两鼻孔、口、前阴尿道和后阴肛门。

②五官：殷周时司徒、司马、司寇、司空、司士五种官职。此处泛指百官。

③因：依据，凭借。

译文

心是九窍的主宰，君是百官的统领。做好事的臣民，君主会给他们赏赐；做坏事的臣民，君主会给他们惩罚。君主根据臣民的政绩来任用他们，斟酌实际情况给予赏罚，这样就不会劳民伤财。圣人重用这些臣民，因此能很好地掌控他们。圣人的统治遵循了客观规律，所以能够长久。以上说的是统治的依据。

人主不可不周①。人主不周，则群臣生乱。寂乎其无常也，内外不通，安知所开？开闭不善，不见原也。右主周。

注释

①周：周密。

译文

作为君主不能不周密。君主不周密，群臣之间就易生祸乱。朝廷寂静无声就是不正常，朝廷内外不一致，怎么能打开言路？言路的开放与闭合不恰当，就无法推究事物的本原。以上说的是君主要周密。

一曰长目，二曰飞耳，三曰树明。千里之外，隐微之中，是谓洞。天下奸，莫不暗变更。右主参。

译文

能用天下人的视力去看，叫作长目；能用天下人的听力去听，叫作飞耳；能用天下人的头脑去思考，叫作树明。在千里之外的地方，隐秘的事情看得清清楚楚，这叫作洞察。这样天下奸邪的事情都会在暗中慢慢改变。以上说的是君主洞察奸邪。

循名而为，实安而完，名实相生，反相为情，故曰：名当则生于实，实生于理，理生于名实之德，德生于和，和生于当。右主名。

译文

按照名分去考察实际，根据实际来确定名分。名分与实际互为产生的条件，反过来又互相表现。所以说：恰当的名分产生于实际，实际产生于事理，事理产生于名分与实践相结合的特性，这种特性产生于和谐，和谐则产生于适当。以上说的是君主名分。

本经阴符七术

盛神法五龙①。盛神中有五气②，神为之长，心为之舍③，德为之人④。养神之所，归诸道⑤。道者，天地之始⑥，一其纪也⑦。物之所造，天之所生。包容无形化气，先天地而成，莫见其形，莫知其名，谓之“神灵”。故道者，神明之源，一其化端⑧。是以德养五气，心能得一⑨，乃有其术⑩。

注释

①神：精气、魂魄。五龙：五行中的龙。五行是中国古代说明宇宙万物变化的传统学说。

②五气：指心、肝、脾、肺、肾等五脏之气。

③心为之舍：心是五气居宿的地方。

④德为之人：德最能治邪，因此使人成为人。

⑤养神之所，归诸道：根据道来养神。

⑥天地之始：无的意思。老子认为“无名天地之始，有名万物之母”。

⑦一其纪也：天地之始是道，道之始是一，因此以一为纲纪。

⑧化端：变化的开端。

⑨得一：得道守一。

⑩有其术：心如果能保持无为，道术自然产生。

译文

强化人的精、气、神，要效法五行之龙的变化之法。精神旺盛的人，身体的五脏之气很强。在五脏之气中，神居主位，心是神的处所，德是本源。养神之宝，归之于“道”。所谓“道”是产生天地的本源，一则是“道”的开端。万物所成，皆由天地生，而包含的无形之物化之为“气”。“气”先天地而生，看不见它的形象，叫不出它的名字，我们就称它为“神灵”。所说的“道”，是神明的本源，万物变化之始，由此修德以养五气，人就能专心致志，获得一定的道术。

术者，心气之道所由舍者，神乃为之使。九窍、十二舍者[①]，气之门户、心之总摄也[②]。生受之天[③]，谓之真人。真人者，与天为一。而知之者，内修练而知之，谓之圣人。圣人者，以类知之。故人与生一，出于化物。知类在窍[④]，有所疑惑，通于心术，术必有不通。其通也，五气得养，务在舍神。此之谓化。化有五气者，志也、思也、神也、心也、德也，神其一长也。静和者养气，养气得其知，四者不衰[⑤]，四边威势，无不为，存而舍之，是谓神化归于身，谓之真人。真人者，同天而合道，执一而养产万类[⑥]，怀天心、施德养，无为以包志虑、思意，而行威势者也。士者，通达之，神盛乃能养志。

注释

①十二舍：指眼、耳、鼻、舌、身、意、色、声、香、味、触、事等。

②摄：统率，收容。

③生：本性。受之天：道是由上天传授到人间的。

④知类在窍：人之所以能知事类，完全是凭借九窍。

⑤四者：指志、思、神、德。

⑥执一：坚守无为。

译文

所谓“道术”，就是在“心气”出入身体时，人的精神能自由运用它。人的身体有九窍十二舍，它们是人与外界接触的门户，由心灵总管它们。人本受命于天，故称为真人。真人与天合为一体。其中，明白大道理的人，是通过刻苦修炼而悟知，这就称为“圣人”。所谓“圣人”，是能掌握以此类推的方法来解决疑难。人产生于无为自然，从物而化。用类比方法接受外界知识在于利用各种感觉器官，解释疑难在于通过心灵进行综合分析，但内心总有不通的时候。要使“道术”通达，务必内养“五气”，而且要使“神道”归于自身。此一过程称之为“化”。化育五气，要从意志、思想、精神、心灵、道德几个方面入手，其中精神是最主要的。要用“静和”之法养气，养气目的是使上述四个方面平和。上述四者不衰，而且能呈现威势，就能无所不为，使气常存于身，使“神”气变化，归之于身，被称之为“真人”。所谓真人，就是能与天地一体，与道合一，按万物产生于一的自然规律养护万物，怀大志，施道德，以无为思想包容意志、思想，发挥自己优势的人。所谓士，只要能通达这一道理，也能精神旺盛，养气养志。

养志法灵龟①。养志者，心气之思不达也②。有所欲，志存而思之。志者，欲之使也。欲多则心散，心散则志衰，志衰财思不达也。故心气一则欲不偟③，欲不偟则志意不衰，志意不衰则思理达矣。理达则和通④，和通则乱气不烦于胸中。故内以养气，外以知人；养志则心通矣，知人则分职明矣。将欲用之于人，必先知其养气志。知人气盛衰，而养其气志，察其所安，以知其所能。志不养，心气不固；心气不固，则思虑不达；思虑不达，则志意不实；志意不实，则应对不猛；应对不猛，则失志而心气虚；志失而心气虚，则丧其神矣。神丧则仿佛⑤，仿佛则参会不一⑥。养志之始，务在安己：己安则志意实坚，志意实坚则威势不分。神明常固守，乃能分之⑦。

注释

①养志法灵龟：因为志是判断是非的，而用占卜的龟甲最能判断吉凶，因此养志才必须效法灵龟。灵龟，古人认为龟有灵性，因此用龟甲来

判断吉凶。

②养志者，心气之思不达也：由于心气不达，所以才要养志。

③偟huáng：放纵。

④和通：和谐通畅。

⑤仿佛：两者相像而难辨别，即不明确的意思。

⑥参会：指志、心、神三者交合。

⑦分：分配，调动。

译文

养志的方法要效法灵龟。思维不畅达的人要培养自己的志气。一个人心中有欲望，才会有想法要使欲望化为现实。所谓“志向”不过是欲望的使者，欲望过多了，则心神分散；心神分散，意志就会薄弱；意志薄弱就会思虑不畅达。如果心神专一，欲望就不会放纵；欲望不放纵，意志力就不会衰弱；意志力不衰弱，思想就会畅达。思想畅达则心气和顺，心气和顺，心中就不会烦乱。因此，人对内要养气，对外要知人，修养自己的“五气”，就心情舒畅。了解他人，才能分清职责。我们如果想用它来考察别人，一定要先知道他养气的功夫，了解他心气的盛衰。观察他的养气修志，观察他是否稳健，就知道他的能力。不修养心志，“五气”就不稳固；“五气”不稳固，思虑就不畅达；思虑不畅达，意志就不坚定；意志不坚定，反应就不敏捷；反应不敏捷，就会失掉信心，心气就会虚弱；心气虚弱，就会失神丧志；失神丧志，就会精神恍惚；精神恍惚，意志、心气和精神三者就不协调了。修养心志之始，一定要先安定自己。自己安定，意志才坚定，有了坚定的意志才能使威势不分散。固守内在精神，才能调动一切。

实意法螣蛇[①]。实意者，气之虑也。心欲安静，虑欲深远；心安静则神明荣，虑深远则计谋成；神明荣则志不可乱，计谋成则功不可间。意虑定则收遂，安则其所行不错[②]，神者得则凝[③]。识气寄，奸邪得而倚之，诈谋得而惑之，言无由心矣。故信心术，守真一而不化，待人意虑之交会，听之候之也。计谋者，存亡枢机。虑不会，则听不审矣，候之不得。计谋失矣，则意无所信，虚而无实。无为而求安静，五脏和通六腑[④]，精神魂魄固守不动，乃能内视、反听、定志[⑤]，思之太虚，待神往来。以观天地开闭，知万物所造化，见阴阳之终始，原人事之政理；不出户而知天下，不窥牖而见天道；不见而命，不行而至，是谓“道知”。以通神明，应于无方而神宿矣。

注释

①螣蛇：一种类似龙的神蛇，能腾云驾雾，在云中飞舞。

②安则其所行不错：如果内心平静，行为就不会有差错。

③凝：凝结，安定。

④五脏：指心、肝、肺、脾、肾。六腑：人体中

消化、吸收、排泄的脏器总称，包括胆、胃、小肠、大肠、三焦（胸膈、上腹和脐腹的三部分脏器）和膀胱。

⑤内视：不用眼睛观察而用心去体悟。反听：不用耳朵倾听而用心去感受。

译文

坚定意志之法要效法螣蛇。坚定意志就要会养气。心境需要平静，思虑需要高远。心境平静则精神愉快，思虑深远则计谋有成。心情愉快，思虑就不乱；计谋成功则功业就不可破坏。意志、思虑稳定，则心境安详，心境安详则所作所行就不会有大的差错，精神愉快就容易使神思定居。如果神思、心气只是暂时寄住在那里，那么奸邪就可能趁机而入，诈谋也可能乘机而行，所说的话也不会是用心思考过的。要使心术真诚可信，坚守本性的真一而不变化，待到与别人交流时，再听其言论观其动静。所谓“计谋”，是国家存亡的关键。思虑不周，则听得不明，即使等待时机，其机会也不会来到。计谋失败则意志不坚定，精神就会变得虚幻而不切实。无为之道，要求人静思，五脏六腑都通畅，精神魂魄固守纯真，能够自我反省，能听取反面意见，能凝神安志，神游太虚，以等待神明的到来。以此体察天地之变化，领悟万物造化的规律，知晓阴阳之交替，探究人世间安邦定国的道理。这样，不出门就可以知晓天下大事，不开窗就可以看见日月星辰等天体变化之道，不必见到民众，民众就能听命而行；不必推行政令，天下就可以大治。这就是所谓“道知”。以此可以与神明相通，应用于无边无涯世界，而使神明长存世间。

分威法伏熊[1]。分威者，神之覆也[2]。故静固志意，神归其舍，则威覆盛矣。威覆盛，则内实坚；内实坚，则莫当。莫当则能以分人之威而动其势，如其天。以实取虚，以有取无，若以镒称铢[3]。故动者必随，唱者必和。挠其一指，观其余次，动变见形，无能间者。审于唱和[4]，以间见间，动变明，而威可分。将欲动变，必先养志，伏意以视间[5]。知其固实者，自养也。让已者，养人也。故神存兵亡，乃为之形势。

注释

①分威：分配威势，使其对人和物都有影响。法伏熊：效法想要进行偷袭的熊。熊要进行袭击时，会把身体伏在地上，然后才采取行动。

②覆：覆盖。

③以镒yì称铢：用重的称量轻的，容易的意思。镒，重量单位，一镒相当于二十四两。铢，二十四铢为一两。

④唱：通“倡”，倡导。

⑤伏意：隐藏意图。

译文

分配威势要效法将要进行偷袭的熊。所谓分威，就是要用自己的精神力量压倒对方。所以要平心静气地坚持自己的意志，使精神归之于心，这样威势就能强大到压倒对方。威势压倒对方，自己的意志就更加坚强雄厚，从而能所向无敌。所向无敌，就能分散对方的威力，动摇对方的气势，如上天一样令人敬畏。以自己的坚实来攻取对方的虚弱，以自己的充盈来攻取对方的空虚，就像用镒来称铢一样十分容易。所以，只要行动就必定有人追随，只要发起倡导就会有人响应。屈起一个指头，可以更清楚观察其余手指的活动，只要掌握行动变化的情况，对方就无法搞阴谋。懂得前后呼应的道理，也可用反间手段，在动中掌握对方情况，用“分威”法隐蔽实力，趁势出击取胜。要想有所行动，必须先培养意志，隐蔽自己的真实意图，以暗察他人活动。凡是意志坚定的人，都善于自我养气；凡是谦逊的人，都能替他人养气。所以，把精神培养到可以化解干戈的程度，这才是所要形成的威势。

散势法鸷鸟[①]。散势者，神之使也。用之，必循间而动，威肃、内盛，推间而行之，则势散。夫散势者，心虚志溢[②]。意失威势[③]，精神不专，其言外而多变，故观其志意为度数[④]，乃以揣说图事，尽圆方、齐短长。无间则不散势，散势者待间而动，动势分矣。故善思间者，必内精五气，外视虚实，动而不失分散之实，动则随其志意，知其计谋。势者，利害之决，权变之势。势败者，不以神肃察也⑤。

注释

①散势法鸷zhì鸟：发散形势要效法鸷鸟。鸷鸟，一种猛禽。

②心虚志溢：虚怀若谷，踌躇满志。

③意失威势：意志一旦衰微就会丧失优势。

④度数：标准。

⑤肃察：严肃地审察。

译文

分散形势要效法鸷鸟。分散对方的实力，要在一定思想原则的指导下进行。实施时，必须伺机而动。威武严正，实力强盛，抓住敌方弱点果断行动，这样敌方势力就会分散。要达到这一目标，必须心胸广博，包容一切，意志力充溢丰沛。如果意志力不强，势威衰弱，精神不集中，那么就会把话说漏，引起对方疑心而导致时局变化。因此要善于观察对方的志向和意志，并以此为基础，揣度说辞，谋划事情，持方圆规矩之理，用长短齐平之法，求得事情的尽善尽美。没有间隙可乘，就不用散势之法，散势的关键是伺机而动，一旦发动，敌方势力就会被分散。所以善于发现对方漏洞的人，必须修炼自己的五气，观察对方的虚实，行动时才能达到分散敌方力量的效果，才能本着我方意图，并确知对方的计谋而不败。所谓势力，是判断利害的因素，也是运用权变的力量。

威势溃败，往往是不能严肃地审察形势所致。

转圆法猛兽[①]。转圆者，无穷之计。无穷者，必有圣人之心，以原不测之智，以不测之智而通心术。而神道混沌为一，以变论万类，说义无穷。智略计谋，各有形容[②]，或圆或方、或阴或阳、或吉或凶，事类不同。故圣人怀此之用，转圆而求其合。故与造化者为始，动作无不包大道，以观神明之域。天地无极，人事无穷，各以成其类。见其计谋，必知其吉凶、成败之所终也。转圆者，或转而吉，或转而凶。圣人以道先知存亡，乃知转圆而从方。圆者，所以合语；方者，所以错事[③]；转化者，所以观计谋；接物者，所以观进退之意。皆见其会，乃为要结[④]，以接其说也。

注释

①转圆法猛兽：圣人的智慧就像不停转动的圆珠，操纵自如，不过这类似猛兽的动作，寓动于静，先伏后动。

②形容：外貌，形态。

③错：通“措”，处置。

④要结：关键的联结。

译文

连环使用计谋要效法猛兽扑食。所谓“转圆”，是指能构想无穷计谋。而能构想出无穷计谋的人，必定有圣人之心，能推究不可估测的智谋，再以不可估测的智谋与心术相通。理道本是混沌的整体，以变化之理研讨万物，内容是无穷无尽的。因事而生成计谋也各有不同的形式，或圆或方，或阴或阳，或吉或凶，因为事情类别各不相同。圣人以此为法，设计出许多计谋，以求切合实际。所以开始造化大地的圣人，其行为无不合乎自然大道，以观神明之奥妙。天地之大无极无垠，人事之繁杂无穷无尽，又有各类的区别。观察各种智谋，从中必然会知道事物的吉凶成败。使用连环计谋，有的转为吉祥，有的转为凶险。圣人掌握规律而先知存亡之理，也就知道转圆为方的道理。圆变化无穷，可用来使言谈相合；方稳定，可用来处理事情。福祸转化，就是要观察计谋的得失；“接物”就是为了观察进退。如果能融会方圆转化接物之理，就可以总结其中的要点，这样就可以掌握这些学说了。

损兑法灵蓍[①]。损兑者，几危之决也[②]。事有适然，物有成败，几危之动，不可不察。故圣人以无为待有德，言察辞合于事[③]。兑者[④]，知之也；损者，行之也。损之说之，物有不可者，圣人不为辞也。故智者不以言失人之言。故辞不烦[⑤]，而心不虚，志不乱，而意不邪。当其难易，而后为之谋，因自然之道以为实。圆者不行，方者不止，是谓“大功”。兑之损之，皆为之辞。用分威散势之权，以见其兑。威其机危，乃为之决。故善损兑者，譬若决水于千仞之堤，转圆石于万仞之谷。

注释

①损兑法灵蓍shī：斟酌损益要效法灵验的蓍草。

②几危：危险的征兆。

③合于事：合乎事理。

④兑者：以心、眼察看外物。

⑤辞不烦：言论简单而得要领。

译文

考虑损益要效法灵验的蓍草。所谓“损兑”，是一种对危险征兆的判断。有些事在一定情况下很合乎现实，有些事会有成有败，危险征兆的显现，不可不细察。所以，圣人以无为之治对待有德之治，他的言语、举动都要合乎事物的发展。所谓“兑”，就是以心、眼观察外物。所谓“损”，就是排除不利而行之。若对其减损，对其说解，事情仍不能顺利发展变化，圣人也不会讲明道理。所以聪明人不以自己的言论排斥他人的言论，言辞简明，而心中充满自信，意志不乱，胸无邪念。遇事依其难易，然后策谋，而顺应客观规律则是其根本。圆的计谋实施不利，方的谋略就不能停止，这就是大功告成的前提。不管是增益其辞，还是减损其辞，都能言之成理。权衡分散实力后所呈现的效果，来观察其好坏，使危机显露，并做出决断。所以善于掌握损益变化的人，就像决开千丈的大堤，又如在万仞山谷中转动圆石，应变自如，形势必然不可阻挡。

持枢

持枢[①]，谓春生、夏长、秋收、冬藏，天之正也，不可干而逆之[②]。逆之者，虽成必败。故人君亦有天枢，生养成藏，亦复不可干而逆之，逆之虽盛必衰。此天道、人君之大纲也。

注释

①持枢：掌握住行动的枢纽。持，把握。枢，门扉的轴。

②干：触犯。逆：违反。

译文

持枢，就是掌握行动的关键。比如春季耕种，夏季长成，秋季收割，冬季储藏，这是天时的正常运作规律，不可违反这一自然规律而倒行逆施。凡是违反自然规律的，即使成功一时，最终也必定会失败。由此而知，人君也有他必须遵循的客观规律。他要组织百姓生产生活、教养万民、收获、储藏等，也不能违抗这些规律，如果违反客观规律，即使暂时兴盛，最终也必将衰败。这是客观规律，是人君必须遵守的根本纲领。

中经

中经[1]，谓振穷趋急。施之，能言厚德之人。救拘执，穷者不忘恩也。能言者，俦善博惠[2]；施德者，依道[3]；而救拘执者，养使小人。盖士，当世异时，或当因免阗坑[4]，或当伐害能言[5]，或当破德为雄，或当抑拘成罪，或当戚戚自善[6]，或当败败自立[7]。故道贵制人，不贵制于人也；制人者握权，制于人者失命。是以见形为容，象体为貌，闻声和音，解仇斗郄[8]，缀去[9]，却语[10]，摄心，守义。本经纪事者纪道数，其变要在“持枢”“中经”。

注释

①中经：从内部管理处置。

②俦chóu善博惠：多行善事，广施恩惠。俦，同一类的人。

③依道：不失道。

④免阗tián坑：免于死在野外填埋沟壑。这里指免于祸患。

⑤伐害能言：残害能言善辩之人。

⑥戚戚自善：心情忧郁保全自己。

⑦败败自立：在接连失败中自立。

⑧郄xì：通“隙”，仇隙。

⑨缀去：联络离去的人。

⑩却语：驳斥性的言辞。

译文

"中经"，说的是救人于困境危难之中。能施行的人，必定是能言善辩、施以大恩大德的人。如果他们救助了那些拘捕在牢房的人，那些被救者，是不会忘记其恩德的。能言之士，能行善而广施恩惠；有德之人，按照一定的道义准则去救助那些被拘押的人；被拘押的人一旦被救，就会感恩而听命。一些士人，生不逢时，在乱世里侥幸免遭兵乱，有的因善辩而受残害，有的起义成为英雄，有的遭受陷害而被论罪拘押，有的恪守善道，有的虽遭失败，却自强自立。因此，恪守"中经"之道的人，推重以"中经"之道施于人，而不要被他人控制。控制他人者掌握主动权，而一旦被他人控制，就连命运也不能掌握。"中经"之道就是关于"见形为容，象体为貌，闻声和音，解仇斗郄，缀去，却语，摄心，守义"的原则探讨。《本经》中记载的是道术理论，其权变的要旨，均在《持枢》《中经》两篇中。

见形为容，象体为貌者[①]，谓爻为之生也[②]，可以影响、形容、象貌而得之也。有守之人，目不视非、耳不听邪，言必《诗》《书》，行不僻淫[③]，以道为形，以德为容，貌庄色温，不可象貌而得也[④]，如是隐情塞郄而去之。

注释

①见行为容，象体为貌：看见对方的外形，就知道他的真实容貌。

②爻yáo为之生：爻辞从卦象中显示出来。此处是用爻象的原理来说明通过表象推断事物的实质。

③僻淫：邪恶淫乱之义。

④象貌：脸形和颜色，此指表面现象。

译文

所谓“见形为容，象体为貌”，是指就像爻辞从卦象中产生一样，可以通过影子、回响、形象、容貌来获取信息。而恪守道德之人，他们不看非礼的东西，不听邪恶之言，谈论的都是《诗经》《尚书》之类，没有乖僻淫乱的行为。他们以道为外形，以德为容颜，相貌端庄，态度温和，不是光从外貌就能识别他们的。这样，就得隐藏实情，堵塞自己言辞的漏洞，离他而去。

闻声和音[①]，谓声气不同，则恩爱不接。故商角不二合，徵羽不相配[②]。能为四声主，其唯宫乎[③]？故音不和则不悲，不是以声散伤丑害者，言必逆于耳也。虽有美行盛誉，下可比目[④]，合翼相须也[⑤]，此乃气不合、音不调者也。

注释

①闻声和音：听见对方的声音，就能随声应和。

②商角不二合，徵羽不相配：宫、商、角、徵、羽都是五音的名称。古人认为商属金，角属木，徵属火，羽属水，根据五行相克的学说，金克木，水克火，所以商角、徵羽的音乐不能调和。

③宫：五音之一，能和其他四音。

④比目：指比目鱼，眼睛长在身体的一侧。

⑤合翼：只有一眼一翅的比翼鸟，经常雌雄并翅齐飞，常被用来比喻恩爱夫妻。

译文

所谓“闻声和音”，说的是声音气息不相同，就不能建立恩爱友好的关系。所以在五音中，商与角不相和，徵与羽不相配。能成为其他四声的主音，唯有宫声而已。所以说，音声不和谐，悲伤的韵律就不会产生，声音散漫、沙哑、难听、刺耳，一定是很难入耳的。如果有美好的言行，高尚的声誉，却不能像比目鱼或比翼鸟那样和谐，也是因为气息不和，音不协调所致。

解仇斗郄，谓解羸微之仇[①]。斗郄者，斗强也。强郄既斗，称胜者，高其功，盛其势。弱者哀其负，伤其卑，污其名，耻其宗。故胜盅，闻其功势，苟进而不知退。弱者闻哀其负，见其伤则强大力倍，死为是也。郄无极大，御无强大，则皆可胁而并[2]。

注释

①羸léi：病弱。

②胁而并：施加威胁而吞并。

译文

所谓“解仇斗郄”，就是解决矛盾；“斗郄”是当两个强大的国家不和时，促使他们相争的策略。强大敌手相斗时，得胜的一方，夸大其功业，虚张声势。而失败的一方，则因兵败力弱而哀叹伤心，为玷污了自己声名，有辱于祖先而痛心。所以，得胜者容易被迷惑，一听到人们称赞他的威势，就会轻敌而贸然进攻。而失败者，听到有人同情他的不幸时，反而会努力支撑，拼死抵抗。敌人虽然强大，往往有弱点，对方虽有防御，而实际力量并不一定强大。我方可以用强大的兵势胁迫对方，使其服从，吞并其国家。

缀去者，谓缀己之系言[1]，使有余思也[2]。故接贞信者，称其行、厉其志，言可为可复，会之期喜，以他人之庶，引验以结往，明款款而去之。

注释

①缀己之系言：对于一个要走的人，为挽留他而说的话。

②余思：离开后留下的思念。

译文

所谓“缀去”，是指对于即将离开自己的人，说出真心挽留的话，以便使对方留下回忆与追念。所以遇到忠贞诚信的人，一定要赞许他的德行，鼓舞他的志气，表示可以再度合作，后会有期，对方一定高兴。用别人的期望，验证以往的做法是否合适，来表明对离去者离开自己的眷恋不舍。

却语者，察伺短也。故言多必有数短之处，议其短验之。动以忌讳，示以时禁[①]。其人因以怀惧，然后结信以安其心[②]，收语盖藏而却之[③]，无见己之所不能于多方之人[④]。

注释

①时禁：除规定时间以外禁止出入。这是轻视对方的做法。

②结信以安其心：以诚相待，使其安心。

③收语尽藏而却之：收起以往的威胁语言，从此矢口不谈。

④无见己之所不能于多方之人：在很多人面前不要暴露自己的无能。

译文

“却语”，是说要在暗中观察他人的短处。因为言谈多了以后，必有失误之处。要议论他的失误处，并加以验证。要经常揭他忌讳的短处，并展示给对方时下的禁令。这样他就会因此而害怕，然后以诚相待，让他安心，对以前说过的话，也闭口不谈了，暗中则藏起这些证据，秘不示人。而且，不能在众人面前，显出自己的无能之处。

摄心者，谓逢好学伎术者①，则为之称远方验之，敬以奇怪，人系其心于己。效之于人②，验去乱其前③，吾归于诚已④。遭淫色酒者，为之术。音乐动之⑤，以为必死，生日少之忧⑥。喜以自所不见之事，终可以观漫澜之命⑦，使有后会⑧。

注释

①伎术：即技术。

②效：效劳。

③验去：跟历史上的贤人对照。

④吾归于诚已：真诚相待，就能掌握贤能的人。

⑤音乐动之：以音乐的快乐节奏来感动人。

⑥以为必死，生日少之忧：（晓谕对方）假如沉溺酒色，就会有必死之害，令其珍惜生命，产生时日无多的忧愁紧迫之感。

⑦漫澜：无限遥远的样子。

⑧会：领会。

译文

“摄心”的方法是，遇到那些喜欢学技术的人，应该主动为他扩大影响，然后验证他的技能，让远近的人都尊敬他，并惊叹他的奇才异能，这样他的心就被你笼络了。为别人效力者，要将其与历史上的贤才相对照，称其与前贤一样，在其面前搅乱他的思绪，诚心诚意地相待，这样方能得到贤能的人。遇到沉湎酒色的人，就要用音乐感动他们，让他们意识到酒色会置人于死地，担忧活着的日子越来越少。让他们高兴地看到见所未见的事，最终认识到未来使命之重大，使之有所领会。

守义者，谓守以人义。探心在内以合也[①]。探心深得其主也。从外制内，事有系由而随也。故小人比人则左道[②]，而用之至能败家辱国。非贤智，不能守家以义，不能守国以道。圣人所贵道微妙者，诚以其可以转危为安，救亡使存也。

注释

①探心在内以合：探求内心，以符合道义。

②左道：邪道之义。

译文

“守义”，说的是坚持仁义之道。用仁义探察人心，以符合道义，使对方从心底里广行仁义。从外到内控制人心，无论什么事，都可以由此而解决。而小人对待人，用旁门左道，常会导致家破国亡。如果不是圣贤之辈，就不能用义来治家，用道来守国。圣贤是特别重视“道”的微妙的，因为“道”确实可以使国家转危为安，救亡图存。

图书在版编目（CIP）数据

六韬·鬼谷子译注 /（战国）鬼谷子著；李霞光译注.
—北京：北京联合出版公司，2015.7（2023.8重印）
ISBN 978-7-5502-3923-4

Ⅰ.①六… Ⅱ.①鬼… ②李… Ⅲ.①兵法－中国－西周时代②《六韬》－译文③纵横家④《鬼谷子》－译文
Ⅳ.①E892.24②B228

中国版本图书馆CIP数据核字（2015）第143717号

六韬·鬼谷子译注

作　　者：（战国）鬼谷子
译　　注：李霞光
出 品 人：赵红仕
选题策划：梁明德　邵鹏军
责任编辑：王　巍
特约编辑：苑浩泰
封面设计：格林文化
版式设计：格林文化

北京联合出版公司出版
（北京市西城区德外大街83号楼9层　100088）
三河市延风印装有限公司　新华书店经销
字数108千字　960毫米×640毫米　1/16　印张18.5
2015年9月第1版　2023年8月第3次印刷
ISBN 978-7-5502-3923-4
定价：42.00元

版权所有，侵权必究
未经书面许可，不得以任何方式转载、复制、翻印本书部分或全部内容。
本书若有质量问题，请与本公司图书销售中心联系调换。电话：010-85376701